KB125674

진정한 여행이란 새로운 땅을 찾는 것이 아니라
새로운 눈을 찾는 것이다.

- 마르셀 프루스트 -

여행이 끝나도 삶은 계속된다

초판 1쇄 발행 2018년 2월 1일

지은이 유재천 · **발행인** 권선복 · **편집** 천훈민 · **디자인** 김소연
전자책 천훈민 · **마케팅** 권보송 · **발행처** 도서출판 행복에너지 · **출판등록** 제315-2011-000035호
주소 (07679) 서울특별시 강서구 화곡로 232 · **전화** 0505-613-6133 · **팩스** 0303-0799-1560
홈페이지 www.happybook.or.kr · **이메일** ksbdata@daum.net

값 15,000원
ISBN 979-11-5602-576-4 03920

도서출판 행복에너지는 독자 여러분의 아이디어와 원고 투고를 기다립니다. 책으로 만들
기를 원하는 콘텐츠가 있으신 분은 이메일이나 홈페이지를 통해 간단한 기획서와 기획의
도, 연락처 등을 보내주십시오. 행복에너지의 문은 언제나 활짝 열려 있습니다.

동·유·럽·여·행·에·세·이

여행이 끝나도
삶은 계속된다

Travel Sketch

의미공학자 유재천 코치의 유럽여행

유재천 코치 지음

도서
출판 행복에너지

45일간의 동유럽, 스토리의 시작 -
미뤄왔던 꿈,
유럽 배낭여행

주로 대학생 때 많이 가는 유럽 배낭여행, 나는 이제 간다. 지금 내 나이는? 서른다섯이다. 젊은 놈이 이런 말하면 웃기겠지만 시간 참 빠르다. 동시에 이런 생각도 든다. "내 나이가 어때서?!" 하긴, 어떤 부부는 전세자금 빼서 세계여행을 갔었고, 둘이 합쳐 나이가 계란 세 판인 모자母子도 세계여행을 다녀왔다. 내 나이는 충분히 젊다.

나는 16년 동안 공부했다. 초등학교 6년, 중학교 3년, 고등학교 3년, 대학교 4년 합이 16년이다. 별다를 건 없다. 그리고 취업을 했다. 사회로 나가서 열심히 일했다. 조직에 적응하고 다양한 사람을 만나며 여러 가지 일을 경험했다.

6년간 다닌 회사를 그만두고 지친 나를 위해 나는 스스로 인생의 방학을 마련했다. 나와 비슷하게 방학을 마련한 사람들은 대부분 우선 여행을 떠났다. 그들은 퇴사 직후의 여행, 이직 전 여행 등 그동안 자신의 노고에 대한 선물을 마련했다. 그리고 떠났다. 짧게 혹은 길게 여행이라는 자가제조 힐링 프로젝트를 가동한다. 어떤 방식이든 자신에게 선물이 되면 나는 뭐든 좋다고 생각한다.

나는 그 선물을 바로 나에게 주진 않았다. 너무 막연하게 떠나버리는 건 두려웠다. 직장생활 중 에너지가 모두 소진되었다고 생각한 시점이 있었지만 사실 지나고 나니 더 큰 에너지가 내 안에 있었음을 알았다. 그 방향을 제대로 알게 된 후로 축적한 에너지가 있었다. 그래서 나는 그 에너지를 우선 써보고 나에게 선물을 줘도 되겠다고 생각했다. 나는 퇴사한 다음 달부터, 일 년 반이 지난 지금에서야 여행을 떠난다.

일 년 반 동안 남은 에너지를 충분히 잘 활용한 덕분에 지금 마음이 가볍다. 마치 열심히 쏘아 올린 로켓의 연료를 충분히 소진시키고 정상 궤도에 올려놓은 기분이다. 이제 궤도를 따라서 즐기며 여행을 하고 돌아오면 된다.

나는 지난 일 년 반 동안 스스로 목표로 한 도전을 했다. 그 기간만큼은 그렇게 해보고 싶었다. 기회였다. 나는 태어나서 처음으로 하고 싶은 공부를 하기 위해 대학원에 진학했다.

그리고 정말 재미있게 공부했다. 간절히 원했던 생애 첫 책을 냈고, 사업을 해보고 싶어서 두 개의 사업자 등록을 하고 작지만 원하는 경험을 해봤다. 새로운 직업에 도전해 보고 싶어서 이리저리 부딪혀 보기도 했다. 스스로 정체성을 확립하고 새로운 사람들과 새로운 조직 그리고 사회에서의 나를 다시 확인했다. 물론 2년간 방학의 끄트머리의 목표는 다시 조직으로 돌아가는 것이다. 내가 일하고 싶은 조직까지 선택은 어렵다고 하더라도 내가 일하고 싶은 분야로 말이다. 그리고 나의 30대 최대 목표인 가정을 꾸리고 보금자리라는 목적지로 항해할 것이다.

"진정한 여행이란 새로운 땅을 찾는 것이 아니라,
새로운 눈을 찾는 것"
- 마르셀 프루스트 -

인생을 여행에 비유하곤 한다. 그렇다면 여행을 통해서 인생을 배울 수도 있을 거라고 생각했다. 인생을 미리 살아볼 순 없지만 여행을 통해서 살아온 인생을 돌아보고 앞으로 살아갈 인생의 지혜를 배우고 싶었다. 여행을 통해 인생을 바라보는 새로운 눈을 찾고 싶었다.

사람과 세상을 더 아름답게 보며 더 즐겁게 살아갈 여유와 용기를 지닌 눈을 갖고 싶다. 혹은 지금 글로 표현하지 못할 만큼의 멋진 눈을 갖고 싶다. 여행을 준비하다 보니 여행에 대한 글들이 눈에 많이 들어온다. 그중 에세이 작가 이애경 씨의 글이 마음에 든다.

"여행을 떠나는 이유"
- 『눈물을 그치는 타이밍』 이애경 저 중

전 세계 70억 명의 사람 중에
우리가 한 번이라도 인사를
나누게 되는 사람은 3천 명 정도이고
그중 150명 정도와 인연을 맺고 살아간다고 한다.

내가 경험한 사람들과 내가 경험한 세상이
이 세상의 전부가 아니라니.
안도감과 우려의 두 가지 감정이
물수제비의 파장처럼 마음의 표현을
훑고 날아가지만, 나는 좋은 것만 생각하기로 한다.
그런 면에서 여행은 내가 아직 만나 보지 못한
69억 명의 인생을 관람하거나
그들의 삶에 입장할 수 있는

낯설고도 붙임성 좋은 티켓이다.

중요한 건, 함께 롤러코스터를 타든

관람차를 타든

내가 그 티켓을 사용해야 한다는 것.

그렇게 그들의 일상에 끼어들거나

혹은 관전하다 보면

깊게 관여하지 않고도 깨닫는 일들이 더러 있다.

그건 책을 읽다가 밑줄 긋게 되는 깨달음보다는

조금 더 또렷하게 내 마음과 삶에 각인되어

필요할 때마다 나에게 좋은 길을 제시해 준다.

여행은

길을 찾는 데 꼭 필요한 도구들이 들어 있는,

숨겨 놓은 선물 상자 같은 것.

글이 좋아 지인들에게 보여줬더니 마음에 와닿는 구절이
모두 다르다고 했다. 나는 '책을 읽다가 밑줄 긋게 되는 깨달
음보다는 조금 더 또렷하게 내 마음과 삶에 각인되어 필요할
때마다 나에게 좋은 길을 제시해 주는 것'이라는 부분이 좋았

다. 이 글을 읽으니 이번 여행을 통해 아주 방대한 에너지를 만들 수 있겠다는 생각이 든다. 여전히 삶에 대한 배움을 이어 가고 있는 지금, 책을 읽다가 밑줄 긋게 되는 깨달음보다 더 강렬하게 내 마음에, 내 삶에 각인될 경험을 이번 여행에서 하고 올 것이다.

유럽 배낭여행, 나도 대학생 때 가고 싶었다. 사실 계획했었다. 군 전역을 앞두고 부푼 마음에 복학 전까지 돈을 벌어 배낭여행을 계획했다. 전역 후 나는 3개월 동안 야간 아르바이트를 해서 400만 원을 확보했다. 그런데 복학을 앞둔 복학생의 마음은 그리 간편하지 않았다. 숫자에 강한 공대생에게 부담스러운 숫자가 많이 적힌 학자금의 숫자는 쉽게 읽히지 않았다. 나는 그 돈으로 학자금을 냈다. 그땐 시간은 나중에 또 만들면 된다고 생각했다. 물론 그 후로는 시간도 돈도 계속해서 넉넉하진 않았다. 하지만 후회는 없다. 내가 힘들게 벌어서 낸 학자금 덕분에 태어나서 처음으로 공부를 그렇게 열심히 해봤으니 말이다. 그리고 지금 다시 여행을 갈 수 있으니 참 좋다. 이제 시작이다.

Contents

Part 2 _여행에서의 반갑고 소중한 만남

Part 3 _여행에서 발견하는 인생

Part 4 _여행에서 배우는 인생

Part 5 _ 여행이 끝나도 삶은 계속된다

Epilogue

Germany

Hanover

Hamburg

Berlin

Part 1.
여행의 즐거움

01

How is your journey?
상대를 볼 수 있는 여유를 주는 여행

어느새 하늘을 날고 있다. 늘 약간은 긴장되는 공항 검색
대를 통과하고 큰 관심 없는 면세점을 지나고 보니 비행기 안
이다. 내 몸은 이미 웅장한 비행기 동체에 실려 있다. 커다란
운송수단은 웅웅거리며 대기를 가르고 있다. 나의 양 옆 좌석
에는 출장 가는 한국인과 한국에서 일하다 잠시 고국으로 가
는 독일인이 앉았다. 독일 항공인 LUFTHANSA를 타고 갔기
때문에 독일 승무원과 자연스럽게 대화를 나누는 그녀는 독
일 네이티브가 틀림없었다. 나는 "Good afternoon."이라고
하며 미소와 함께 인사를 건넸다. 그녀는 반갑게 미소로 화답

해주었다. 자리에 앉으니 옆에 계신 한국인 분께서 먼저 말을
거신다.

"독일로 혼자 가나 봐요?"

"네, 동유럽 여행 가는데요, 혼자 갑니다."

"혼자 가면 심심하지 않나요?"

"심심한 면도 조금 있지만 그래도 여행하면서 현지인한테
말도 걸고, 여행객도 사귀면 재미있어요."

한국인 아저씨는 여행사 일로 출장을 가신다고 했다. 그
는 사십 대 후반으로 보였고 친절했다. 내가 아저씨보다 훨씬
나이가 어려 보이는데도 내 이야기를 끝까지 들어가며 말을
걸어주신다. 아저씨는 독일 프랑크푸르트에서 바로 비행기
를 갈아타고 포르투갈로 향한다고 하셨다. 한편 오른쪽에 앉
은 독일인 여성은 울산에서 일하다가 잠시 독일에 간다고 말
했다. 점심식사로 비빔밥이 나왔는데 고추장을 듬뿍 넣어 맛
있게 식사하는 그녀의 모습을 보고 내가 먼저 말을 걸었다.
그녀는 젓가락질에 굉장히 능숙했다. 사실 나보다 더 잘했다.
고추장도 듬뿍 넣어서 아주 맛있게 비빔밥을 즐기고 있었다.
흠잡을 데 없이 완벽해 보이는 젓가락질 실력에 감탄의 말을

내뱉으며 대화를 이어 갔다. 재료화학Material Chemistry를 전공한 그녀에게 난 재료공학Material Science & Engineering을 전공했다고 하니 흥미로워했다. 조금 더 대화를 나누고 싶었지만 그녀는 곧 헤드폰으로 자신의 귀를 덮었다. 영화 감상에 집중하고 있는 그녀를 방해하지 않기 위해서 대화를 더 진행하진 않았다. 그녀는 피곤했는지 비빔밥을 깨끗이 비운 후 바로 잠을 청했다.

안정적으로 비행하는 비행기는 계속해서 독일 프랑크푸르트로 향해 날았다. 비행기 동체가 상당히 컸다. 사실 나는 2층으로 된 비행기는 처음 타봤다. 나는 2층짜리 비행기 2층에 탑승했다. 1층에 탔을 때와 다른 점은 이상하게도 비행기가 이륙하는 시점을 제대로 알아채지 못한 점이다. 아무래도 지면으로부터 비행기 바퀴를 통해 전해지는 진동이 덜 느껴진 것 같다. 아니면 비행기의 부피가 커서 내가 느끼는 절대적 진동이 크지 않음을 내가 처음 느낀 것일 수도 있다. 내가 무슨 생각을 하는 거지? 공돌이 같은 생각은 집어치우자.

11시간의 비행시간 동안 무얼 할지 잠시 생각해본다. 제공되는 영화 목록에 내가 책으로 읽었던 '꾸뻬 씨의 행복 여행'이 있다. 반가운 마음에 감상해보기로 한다. 자막이 나오지 않아 오롯이 영어 리스닝에 의존한다. 내용을 이미 알았기에

망정이지 그렇지 않았다면 진즉에 다른 영화를 재생했을 것이다. 잘 해석되지 않는 대사를 열심히 들으며 화면에 집중했다. 영화에서 행복을 찾아 여행을 떠난 정신과 의사 꾸뻬 씨^{영화에서는 '헥터'라는 이름}는 우여곡절을 겪은 후에 중국에서 만난 수도승과 화상통화를 한다. 수도승의 첫마디는 무엇이었을까?

"How is your jouney?"

수도승은 꾸뻬 씨에게 물었다. 그러자 꾸뻬 씨는 여러 가지 있었던 일들을 연신 내뱉고는 자신이 깨달은 점을 수도승에게 말한다. 나는 이 장면에서 수도승의 첫마디가 인상 깊었다. 내가 여행을 하고 있어서 마음에 더 와 닿았다. 우리는 여행을 하면 보통 상대를 먼저 본다. 다시 말해 상대가 어디에서 왔는지, 어디로 향하고 있는지, 어떤 일을 하는지 등이다. 일상에서 좀처럼 실천하지 못하는 상대를 바라보는 일을 우리는 자연스럽게 해낸다. 참 신기한 일이다. 내 이야기 좀 들어봐 달라고 안달 내는 모습이 일상에서 우리의 모습이라면 한 번쯤 돌이켜볼 대목이다. 달리 말하면 여행은 그만큼 우리에게 상대를 바라볼 수 있게 하는 여유를 주는 것인 것 같다. 또한 어쩌면 우리 안에는 상대를 바라보는 여유와 가능성이 무한한데 우리가 모르고 있었던 것인지도 모른다. 수도승은 자신의 일상에서 꾸뻬 씨에게 그렇게 물었다. 아주 여유 있게 말이다. 수도승은 인생을 여행하는 마음으로 즐기며 늘 여유를 갖고 있는 사람이다. 나 역시 수도승의 자세와 노력처럼 일상을 여행이라고 생각하고 인생이라는 여정에서 상대를 바라보는 여유를 가져봐야겠다.

옆에 앉았던 아저씨는 14명의 손님들을 이끌고 포르투갈과 스페인 여행을 가이드 하는 여행사 직원이었다. 이야기를 더 나누다 보니 비행기에 관해서, 포르투갈과 스페인에 대해서 넓고 얕은 지식의 표면을 잠깐 맛본 듯하다. 도착해서 아저씨와 인사를 나누고 독일 네이티브 여성과 눈인사를 다시 나눴다. 그리고 각자의 여행으로 신속하게 공항을 빠져나갔다. 독일 프랑크푸르트 공항에서 전철을 타고 프랑크푸르트 중앙역으로 향했다. 나는 지도에 나와 있는 유스호스텔 중에서 마음에 드는 곳을 골라 체크인을 했다. 장시간 비행으로 조금은 피로해진 몸으로 6인실 룸에서 짐을 정리하고 있는데 다른 여행객이 나에게 말을 걸었다.

"How is it going?"

그 역시 상대를 먼저 봐준다. 여행은 스스로에게 상대를 볼 수 있는 여유를 자연스럽게 만들어 준다.

프랑크푸르트 중앙역

중앙역 건너편 카이저 거리

02

프랑크푸르트 소시지는 쫄깃했다

진짜 프랑크 소시지를 맛보다

프랑크푸르트 호스텔에서 돈을 내고 아침식사를 했지만 밖으로 나오자마자 식욕이 다시 솟구쳤다. 거리의 카페에 진열된 샌드위치와 크루아상은 보는 것만으로도 군침을 솟구치게 했다. 숙소에서의 아침식사가 대단히 뛰어나진 않았기 때문에 괜히 더 그랬다. 아침에 도시 곳곳을 돌다 보니 다시 배가 고파졌다. 어제 카메라 충전을 하지 않고 아침에도 셔터를 계속 눌러댔더니 배터리도 배가 고프다고 했다. 나는 숙소로 돌아가서 배터리를 충전하며 눈을 좀 붙였다. 어젯밤에 코를 심하게 골았던 친구 덕분에 잠을 못 자서 괜스레 피곤했다.

잠깐 눈을 붙이고 12시가 다 되어 체크아웃을 했다.

배낭을 메고 나는 다시 걸었다. 중앙역에서 내려오는 길로 마인강 쪽으로 향했다. 그런데 뢰머 광장을 지나서 이상한 기분이 들었다. 마치 이곳에 와봤던 익숙한 기분이 들었다. 건물들을 본 것 같고 예전에 꼭 와봤던 생각이 들었다. 지나가다가 본 한 건물의 유리를 통해 내 모습이 비쳤다. 그런데 그 모습이 아주 강렬하게 내 머릿속을 쳤다. 그 모습은 분명히 처음 본 모습이 아니었다. 그때 알았다. 나는 이곳에 처음 온 것이 아님을. 나는 4년 전에 이곳에 왔다. 첫 직장생활을 할 당시, 여름휴가 때 유럽 4개국 패키지여행을 왔었다. 그런데 내 기억에 독일은 하이델베르크만 갔었던 것으로 되어 있었다. 그런데 나를 비춘 유리를 보자 그 기억이 살아났다. 그때는 반대쪽에서 걸어왔고, 똑같이 이 유리 앞에서 카메라로 비친 나의 모습을 찍었다. 그리고 오늘 나는 똑같이 행동했다. 마치 시간여행을 하는 영화의 한 장면 같았다. 과거의 나와 현재의 내가 만나는 경험을 했다. 한편으로는 그때의 여행 사진을 한 번도 다시 꺼내보지 않았음을, 또 한편으로는 패키지여행을 떠날 때는 더 정신을 바짝 차리고 여행에 임해야 함을 생각하고 있었다. 어찌 됐든 마냥 신비로운 느낌을 간직한 채 마인강변을 계속 걸었다. 20킬로그램 가까이 되는 배낭을

4년 전에도 사진을 찍었던 거울 문

메고 계속 걷다 보니 쉬고 싶었다. 나는 강 너머로 보이는 한
적한 벤치에 가서 앉았다. 'Slow trip'을 실천하며 나는 꽤 오
랫동안 벤치에 편안하게 앉아 마인강과 주변 풍경을 감상했
다. 조깅을 하는 사람들, 친구들과 모여 수다를 떠는 사람들,
산책을 나온 부부, 아빠가 일을 쉬는 날인지 함께 산책을 나
온 부자의 모습이 보인다. 어린 아들은 자신에게 있었던 일들

여행의 즐거움

마인강변에서 바라본 풍경

을 아빠한테 신나게 늘어놓는다. 아빠는 흐뭇하게 바라보며
아들과 함께 걷는다. 여유로워 보였다.

　강에서 잠시 나온 오리들도 강변에서의 여유를 즐기는 듯
보였다. 시원하게 부는 강바람과 함께 독일에서의 7월 초 여름
을 그대로 느꼈다. 기온은 20도씨 안팎으로 적당히 시원했다.

　그리고 보니 배가 고프다는 것을 잊고 있었다. 진짜 여유
를 그대로 느끼고 있었나 보다. 여행의 시간은 나의 위장이
가장 민감하게 알려준다. 강변에 유람선 위에서 맥주와 식사
를 팔았다. 나는 어디에서 점심식사를 할지 고민했다. 내 머

릿속은 어제 먹지 못한 프랑크푸르트 소시지로 가득 차 있었다. 강변을 따라 걷다 결국 마땅한 곳을 발견하지 못하고 다시 중앙역을 향해 걸었다. 크게 다시 한 바퀴 돌아온 뒤, 숙소가 있던 카이저 스트리트의 한 레스토랑에 앉았다. 나는 쉐퍼 호퍼 바이젠 밀맥주와 프랑크푸르트 소시지를 주문했다. 뭔가 해낸 기분이 들었다. 드디어 프랑크푸르트에서 프랑크 소시지를 먹게 되었으니 말이다. 맥주 맛은 역시 일품이었다. 프렌치프라이와 함께 나온 소시지를 내 앞에 마주했다. 소시지가 한 줄만 나왔기에 나는 허기진 내 배에 물었다. '양에 차겠느냐고.' 질문을 했지만 나는 이미 소시지를 썰고 있었다. 물론 그 짧은 시간 안에 사진도 한 장 찍었다. 소시지가 길어

쫄깃한 프랑크푸르트 소시지

서 양은 충분했다. 맛은 어땠을까? 프랑크푸르트 소시지의 맛은 고소하고 식감은 쫄깃했다. 온기가 느껴지는 소시지의 쫄깃함이 내 입에 전해졌다. 적당히 매콤한 맛도 어우러져서 내 허기진 배를 만족시켰다. 쫄깃한 소시지는 나의 기대도 만족시켰다. 나는 기분 좋게 그리고 천천히 소시지를 음미하며 점심 식사를 즐겼다. 온전히 그 맛을 느끼며 그 시간을 즐겼다. 맥주 한 잔 더 마시고 싶었지만 소시지를 다 먹어버려서 더 주문하진 않았다. 친절한 직원이 "Another one?" 이라고 물었지만 나는 3초간 망설이다가 거절했다. 한 잔 더 마시면 오후에 탈 기차에 취한 채 오를 것 같았다. 그래도 소원성취를 해서 그런지 기분이 아주 좋았다. 쫄깃했던 프랑크푸르트의 소시지 맛, 다시 만난 나의 기억을 흐뭇하게 느꼈다.

03

프랑크푸르트의 거리

유럽의 거리

　유럽에는 아름다운 거리가 많다. 걷다가 그냥 지나치기 아까울 정도의 멋진 거리가 곳곳에 많다. 걷다 보면 잠시 멈춰 카메라 셔터를 누르게 된다. 독일 여행의 첫 도시인 프랑크푸르트에 도착해서 처음 마주한 거리는 카이저 거리이다. 중앙역에서 내리면 곧장 보이는 거리다. 레스토랑과 카페가 이어져 있다. 여행 책자에 나와 있는 관광 포인트를 돌아보며 곳곳의 멋진 거리도 함께 감상한다. 유로 타워는 EU 중앙은행의 사옥이다. 건물 앞의 유로 화폐 조형물 앞에서 관광객들이 사진을 찍는다. 프랑크푸르트에 유럽 중앙은행이 위치해 있

타우누스 정원 안에서

기 때문에 이곳이 EU의 경제수도라고 할 수 있다.

도시의 정식 명칭은 'Frankfurt am Main'이다. 금융의 중심지라서 높은 빌딩이 많다. 그래서 'Mainhattan'^{마인강의 맨해}튼이라고 불리기도 한단다. 프랑크푸르트로 많은 항공기가 오고 간다. 독일에서 가장 큰 공항이다. 그래서 유럽의 관문이라고 한다. 프랑크푸르트라는 의미는 'Franken'^{프랑코니아} 지역의 도시라는 뜻이라고 한다. 도시 이름에 'Main'이 들어간 것은 마인강 때문이다. 다시 말해 도시 이름은 '마인 강 옆의 프랑켄 도시'라고 한다. 높은 건물들 사이로 이어진 타우누스 정원이 이어진다. 몇몇 동상과 조형물들을 볼 수 있다. 괴테 하우스 앞에는 많은 관광객들이 모여 있었다. 그리고 고등학교 선생님이 이끄는 학생 무리도 있었다. 아마도 독일의 모든 학교에서는 한 번씩 오지 않을까. 독일은 유럽에서 상대적으로 문학이 덜 발달한 곳으로 꼽힌다. 그래서 독일인들은 괴테의 존재를 통해 자긍심을 많이 느낀다고 한다. 사실 괴테는 문인으로서만이 아니라 유능한 관료로서도 능력을 보였다. 그가 활동한 시기가 산업혁명과 나폴레옹 전쟁이 발생한 격동기였기 때문에 독일 지도자로서 괴테는 민족의 비전을 제시했다고 한다. 프랑크푸르트의 거리를 걸으며 본 이름 모를 거리들은 각각 제 빛을 내고 있었다.

괴테 광장, 독일에서 가장 위대한 문학가로 칭송 받는 괴테의 동상이 있다

괴테 하우스, 괴테의 생가로 그를 기념하는 박물관이 되었다고 한다

04

하노버와의 눈부신 첫 만남

안녕?! 하노버!

아침에 예약해 놓은 독일의 초고속 열차 ICE[InterCity Express] 시간에 맞춰 프랑크푸르트 중앙역으로 향한다. 오후 5시 16분 기차다. 오후 시간이라 역은 많은 사람들로 붐빈다. 각 플랫폼 근처에는 기차표와 안내 전광판을 번갈아 확인하는 사람들이 보인다. 플랫폼 앞에 서니 나도 모르게 왠지 모를 두근거림으로 가슴이 뛴다.

시간이 조금 남아 역 안에 있는 서점을 구경하고 다시 플랫폼 근처 사람들을 살핀다. 가족을 만나러 혹은 여행을 위해 역을 찾는 사람들의 표정이 각양각색이다. 나도 그중에 한 명으로 흐뭇한 여행객의 미소를 짓고 있다.

　내가 탈 기차의 플랫폼을 확인해야겠다. 나는 1번 플랫폼 앞으로 갔다. 이미 정차해 있는 기차가 내가 탈 기차인지 궁금해졌다. 안내 전광판을 보고 확인해보지만 잘 모르겠다. 기차 시간이 임박해오고 몇몇 사람들이 기차에 오르기에 나도 기차에 올라탔다.

　저렴하게 끊은 기차표를 자랑스럽게 가슴에 앉고 좌석을 확인했다. 옆으로 보이는 좌석이 고급스러워 보인다. 이래서 1등석이구나 하며 나는 흐뭇한 미소를 지었다. 한 번 더 확인하기 위해 앞에 앉은 독일인에게 물었다. 그런데 이게 웬일인가. 이 기차가 아니란다. 이제 남은 시간은 15분. 나는 허겁지겁 다른 플랫폼으로 달려간다.

　플랫폼 1A와 1B가 있었다. 그런데 달려가는 와중에 역내 방송이 울린다. 내가 타려던 기차가 다른 기차로 바뀌었다는 것이다. 나와 비슷하게 허둥대는 사람들은 일제히 한곳으로 향한다. 새로 들어오는 기차가 있는 플랫폼 1A 쪽으로 사람들이 재빠르게 모여들었다. 몇몇 사람들은 동시에 같은 질문을 역무원들에게 물었다. 나도 그 대답을 듣고 질문 하나를 던졌다.

"What about the seat?"

왜냐하면 내 기차표의 열차는 14호 차였는데 바뀐 열차는 겨우 5칸짜리였기 때문이다. 역무원은 손을 흔들며 내게 말했다. 좌석은 없다고 했다. 1등석의 꿈은 그렇게 날아갔다. 나는 겨우 기차에 올라 혹시 서서 가게 되는 건 아닌지 걱정하며 자리를 살핀다. 가족석에 혼자 앉아 있는 독일인 앞으로 가서 양해를 구한다. 앉아도 된단다. 나는 묵직한 배낭을 내려두고 숨을 고르며 자리에 앉았다. 괜히 피식 웃음이 나왔다. 1등석은 아니지만 그래도 잘못된 기차를 타진 않았음에 나는 안도했다. 그렇게 나는 프랑크푸르트 역을 출발해서 하노버로 향했다.

처음 타보는 독일의 고속열차는 조용했다. 시속 300km에 가까운 초고속임에도 안정적이고 조용했다. 덕분에 나는 기차여행을 하며 밖을 감상해야겠다는 다짐을 잊은 채 2시간 내내 신나게 머리를 흔들며 졸았다. 겨우 잠에서 깨니 도착시간이 임박해 있었다. 하노버 역이 가까워졌음을 알리는 방송이 들렸다. 나는 배낭을 들쳐 메고 기차에서 내렸다.

잠에서 막 깨서 그런지 약간은 몽롱한 가운데 하노버와의 첫 만남을 가졌다. 눈이 부셨다. 하노버 중앙역으로 나오자

마자 눈부시게 빛나는 도시가 있었다. 역 앞은 마치 많은 사
람들이 모인 축제의 장과 같이 빛났다. 사람들도 살아 있음을
뽐내고 햇빛도 강렬하게 도시를 빛냈다. 그렇게 하노버와의
눈부신 첫 만남을 가졌다.

05

하노버, 그냥 걷기 좋은 도시
독일을 걷다

하노버의 첫 느낌이 눈부시게 좋아서 그런지 괜히 벌써부터 오래 머물고 싶어진다. 하노버는 니더작센주에 있으며 약 50만 명이 거주하는 도시다. 사실 50만 인구면 큰 도시인데 큰 도시 느낌이 나진 않는다.

처음 도착한 역 앞이 아주 시끌벅적했고 숙소 쪽으로 조금만 걸어오니 아주 조용했다. 한적한 시골마을에 온 것 같다. 우선 호스텔에서 이틀 숙박 요금을 결제했다. 그리고 6인실인 방으로 향했다. 조금은 오래된 호스텔이었지만 깔끔했다. 엘리베이터가 없는 덕분에 5층까지 헉헉거리며 힘겹게 걸어 올라갔다. 방에는 아무도 없다. 시간이 오후 9시가 다 되었는데도 아무도 없는 걸 보니 오늘은 이 넓은 6인실에서 나 혼자 자겠다고 혼잣말을 해본다. 방에서 바라본 건물 밖 풍경이 고요하니 좋다. 나는 속으로 생각했다. '마음이 편안해진다. 천천히 여유롭게 이 시간을 느끼다 가야겠다.'

나는 천천히 오랫동안 창 밖 풍경을 감상했다.

숙소에서 바라본 창 밖 풍경

다음 날 아침, 프랑크푸르트에서처럼 아침 일찍 일어나진 않았다. 나는 최대한 늑장을 부리며 이제 겨우 시차에 적응한 나의 몸에 여유를 선물했다. 마침 방에 아무도 없었기 때문에 더욱 편안했다. 한참 게으름을 피우다가 나갈 준비를 했다. 여행 책을 펼쳐서 어딜 갈지 잠시 보았으나 곧장 책을 덮고 나는 그냥 숙소를 나섰다. 그리고 그냥 걸었다.

아, 목적지는 한 군데 있었다. 어제부터 탄수화물을 하나도 못 먹은 탓에 나의 몸은 밥알을 찾고 있었다. 실제로 그런지는 모르겠지만 내 머릿속은 밥알로 가득 찼다. 나는 책에서 본 하노버 유일의 한인식당을 머릿속 내비게이션 목적지로 설정했다. 그리고 그냥 걷기를 즐기며 그곳을 찾아갔다.

가는 길이 시원했다. 적당히 부는 바람과 함께 햇살도 좋았다. 걷다가 나오는 멋진 거리, 예쁜 색으로 칠해진 건물들의 사진을 찍는다. 그리 어렵지 않게 목적지를 찾았다. 사실 '벌써부터 현지식이 아닌 한인식당을 찾다니'라며 한편의 나는 나를 꾸짖고 있었지만 나는 합리화했다. 생각해보니 독일에 도착해서 탄수화물을 한 번도 섭취하지 않았다고 말이다. 자기합리화를 끝낸 나는 이미 한인식당 'Choi' 앞에 서있다. 그런데 이게 웬일인가. 문이 닫혀 있다. 가까이 가서 보니 내부 공사 중이란다. 그렇게 독일에서의 첫 한인식당 방문은 좌

절됐다.

　다행히 근처의 거리에는 레스토랑이 많았다. 아직 밥알에 대한 동경을 버리지 못한 나는 그새 옆에 있는 중식당에 앉게 되었다. 익숙한 요리인 치킨 'Chop Suey'를 주문한다. 하얀 롱 라이스를 마주하고 갓 볶아진 신선한 야채와 함께 나온 'Chop Suey'에 머리를 박았다. 허겁지겁 먹다가 고개를 들어 올리며 말한다. 천천히 먹으라고 말이다. 나는 다시 천천히 맥주를 들이켜며 이 시간을 즐긴다. 좋다.

허겁지겁 먹을 수밖에 없었던 'Chop Suey'

식당 근처에 있는 과일 상점에 진열된 과일들이 탐스럽
다. 이미 배를 채우는 데 돈을 썼으니 감상만으로 나를 만족시
킨다.

현지인들이 자주 이용하는 것으로 보이는 과일 상점

이제 원했던 탄수화물을 기분 좋게 충전했으니 어딜 가고
싶어진다. 지도를 보지 않고 그냥 걷기 시작했다. 바람 부는
대로 이어진 길을 따라 걸었다. 조금 걷다 보니 공원 같은 곳
이 보였다. 들어가 봐야겠다고 마음먹었다. 계속 그쪽을 향
했다.

가는 길에 어린아이들이 노는 풍경이 정겹다. 주택가에 놀

하노버 동물원

이터였는데 아이들이 노래를 부르며 서로 장난치며 노는 모습이 소박하고 아름다웠다. 계속 길을 걸으니 공원 비슷한 장소가 이어졌다. 숲이다. 벌써부터 청량한 공기가 나의 폐로 스며든다. 나는 깊게 숨을 들이쉬고 천천히 내뱉으며 숲을 따라 걸었다. 그냥 걷기가 이렇게 시원하고 좋을 수가 없다. 조금 가다 보니 안내 화살표에 'ZOO'라고 적혀있다. '숲 속에 동물원이?'라는 호기심이 내 머릿속을 스친다. 나는 화살표를 따라 걸었다.

중간에 두 갈래 길이 나왔다. 어디로 갈까? 오른쪽을 택한다. 두 개의 길은 다시 합쳐졌다. 인생의 수많은 선택처럼 크게 생각하지 않아도 결국 긍정적으로 귀결되는 것과 같았다. 드디어 동물원이 나왔다. 하노버 동물원이다. 내가 가진 안내 책자에 나와 있지 않은, 그냥 걷다가 도착한 동물원이었다.

동물원 입구에는 유치원에서 단체로 온 귀여운 친구들이

여행의 즐거움

많이 보였다. 정말 귀여운 친구들과 함께 나도 표를 끊었다. 1시간 정도 관람했는데 숲 속에 꾸며 놓은 동물원을 체험하는 형태로 자연스럽게 구성되어 있었다.

나는 동물원 투어를 마치고 다시 왔던 숲길을 걸었다. 많이 걸어서 다리에 피로함이 느껴졌다. 시간이 오후 3시밖에 되지 않았기에 나는 숙소에서 좀 쉬기로 했다. 숙소에 가니 방에 두 명의 여자가 있다. 여자? 내가 묵은 6인실의 도미토리는 남녀 혼방이었다. 물론 가운데 벽을 사이에 두고 있다. 독일인 여성 두 명에게 인사를 건넸다.

"할로~"

갑작스럽게 방에서 만난 여성을 보자 나는 쑥스러웠다. 나는 내 침대로 쏙 들어가서 누웠다. 잠시 후 들려오는 기타 연주와 허밍 소리에 씨익 미소가 번진다. 독일인 친구 두 명은 음악을 하는 친구들인가 보다. 서로 의견을 주고 받으며 허밍과 함께 연주하는 소리가 정겹다. 창밖은 여전히 여유롭게 아름답고 지금 이 분위기는 평온하다.

방에서 충분히 휴식을 취하고 다시 숙소를 나섰다. 그냥 숙소 앞을 걷고 싶었다. 이번에도 그냥 걷기 시작했다. 따뜻한 햇살과 함께 펼쳐지는 하노버의 거리는 여전히 걷기 좋았다. 호숫가를 따라 나는 걷다가 벤치에 앉기를 반복했다. 천

하노버의 여유롭고 한적한 풍경

천히 여유로움을 선물해주는 하노버에게 고맙다. 하노버는 그냥 걷기에 아주 좋은 도시다.

06

하노버에서 이제 어디로 갈까?

독일, 어디까지 가볼까

하노버에서 이틀간 충분히 휴식을 취했다. 걷기 좋은 하노버에서 실컷 걸었다. 숙소에서 느리게 그리고 고요하게 시간을 즐기기도 했다.

하노버에서의 2박 3일을 마치고 이제 이동을 해야겠다고 맘먹었다. 사실 더 있다 가고 싶지만 이 정도만 해도 충분하다. 책에서 추천하는 교외의 정원을 가고 싶지만 지금도 충분히 만족스럽기 때문에 이동하기로 마음먹는다. 원래 계획은 베를린으로 가는 것이었는데 왠지 함부르크가 가슴을 채운다. 베를린 다음으로 큰 독일 제2의 도시라는 함부르크. 부산과 같은 항구도시다. 우리나라에서 가장 많이 가본 도시인 부산을 떠올리며 나는 함부르크로 향한다.

하노버 중앙역에서의 아침식사

중앙역 앞에서 아침 식사를 하려고 토스트와 커피를 주문했다. KAFFE CREAM이라는 커피를 주문했는데 아메리카노와 우유 캡슐이 함께 나왔다. 커피 맛이 좋다. 토마토와 치즈가 부드럽게 녹아 있는 토스트도 맛있었다. 바삭하게 구워진 식빵이 부드럽게 나의 식욕을 만족시켰다. 역 밖 풍경을 바라보며 천천히 아침을 즐겼다. 함께 나온 과일은 어제 거리에서 본 과일에 대한 동경을 회상시켰다. 내가 좋아하는 천도복숭아가 있다. 과일 하나하나가 꿀맛이다. 온몸에 상큼한 비타민이 보충되는 기분이다. 비타민 C가 많은 파프리카 두 조각도 내 몸에 스며들었다. 여유로운 하노버에서의 마지막 식사를 마치고 나는 함부르크행 버스에 올랐다.

하노버까지 올 때는 기차를 탔지만 이번에는 버스를 타보고 싶었다. 하노버에서 함부르크까지는 버스로 약 2시간 정도 소요되기 때문에 버스 체험이 적당하다고 생각했다. 버스를 기다리고 있는데 독일 젊은 친구들이 사탕을 건넨다. 독일 사람들이 주는 따뜻한 미소와 함께 달콤한 사탕까지! 여행이 즐겁다. 기분 좋게 버스에 올라탔다.

따뜻한 선물, 달콤한 사탕

07

유럽에서 맞이하는 생일

Happy birthday to me in Hamburg

하노버에서 함부르크로 넘어왔다. 시간은 이제 막 정오를
넘기고 있다. 호스텔에 가도 아직 체크인을 하지 못하는 시간
이기에 버스 스테이션 근처에서 점심을 먹기로 한다. 메뉴는
케밥이다. SOULKEBAB이라는 가게에서 Beef 케밥을 주문
한다. 약간 짜긴 했지만 맛이 괜찮았다. 손으로 들고 먹을 수
있을 정도의 케밥을 예상했지만 그보다 큰 케밥 사이즈다. 나
이프로 잘라서 천천히 먹었다. 간절하게 마시고 싶었던 콜라
도 주문했다. 콜라가 내 목 안에서 시원하게 터졌다. 사실 오
늘은 내 생일이다. 그래서 오늘만큼은 돈을 좀 덜 아껴도 된

다고 나에게 주문한다. 콜라가 달콤하고 기분 좋게 나를 만족시킨다.

유럽에서 혼자 맞이하는 생일이 특별할 것이라고 지인들이 축하해준다. 사실 특별할 건 없었는데 오히려 지인들이 이렇게 더 축하해주는 것이 특별하다. 함부르크로 와서 기분 좋게 내 생일을 맞이한다. 숙소에 짐을 풀고 밖으로 나갔다.

먼저 면적 1.8제곱킬로미터에 달하는 알스터 호수를 찾았다. 1235년에 엘베강 지류인 알스터강에 댐을 만드는 과정에서 측정을 잘못하는 바람에 물이 너무 많이 고여 호수가 되었다고 한다. 재미있는 곳이다. 호숫가에는 산책을 나온 사람들이 많다. 호수에는 백조와 오리가 무리를 지어 한가롭게 헤엄을 치고 있다. 시원한 바람이 불고 따뜻한 햇살이 비치는 호숫가의 풍경이 아름답다.

알스터 호수의 풍경

시청사 건물과 성 페트리 교회

알스터 호수를 지나 웅장한 건물이 나를 압도한다. 시청사 건물이다. 상점이 많은 묀케베르크 거리에서 아이스크림을 샀다. 며칠째 지켜보기만 하고 안 사 먹었던 아이스크림. 오늘은 먹어야겠다. 오늘은 내 생일이니. 12세기경 건축된 성 페트리 교회를 지난다. 엄청 큰 교회 건물과 같은 건축물은 멀리서 봐야 더 멋있다. 가까이에서 보면 너무 크다. 고딕 양식으로 지어진 교회 건물이 아름답다.

오후 내내 4시간 정도 걸었다. 천천히 걸어서 그런지 생각보다 다리가 아프진 않다. 천천히 걸으며 함부르크의 곳곳을 느꼈다. 어느새 저녁 시간이 되었다. 오늘은 내 생일이니 나는 한인식당에 갈 마음을 먹는다. 생일을 핑계로 나의 욕구를 만족시킬 계획이 가득하다. 어쨌든 하노버에서 실패한 한인식당 방문을 함부르크에서 이어간다.

'man-nam'이라는 한국식당에 들어선다. 주인아주머니의 정겨운 한국말이 귀에 꽂힌다.

"어서 오세요."

메뉴판을 펼치고 고민한다. 김치찌개를 먹을 것인가, 삼겹살을 먹을 것인가. 나는 다시 한번 내 생일을 강조하며 삼겹살 2인분을 주문한다. 그리고 나서 다시 메뉴판을 펼쳐 소주 가격을 살펴본다. 3유로다. 마실 만하다. 모르겠다. 내친김에 소주도 한 병 달라고 했다.

함부르크 한인식당에서 차린 생일상

나와 비슷한 또래로 보이는 직원이 한 분 있었다. 나는 애처롭게도 오늘이 내 생일이라고 말해버렸다. 나를 따뜻한 눈으로 봐주시며 삼겹살을 구워주신다.

나는 내가 굽겠다고 하며 이런저런 이야기를 묻고 듣는다. 독일에 온 지 1년 조금 넘었다는 이 형님은 나보다 두 살 많았다. 독일어를 공부하며 일하고 있다고 했다. 나에게 생일 축하한다며 소주를 따라주었다. 감사하게도 이런 축하를 받다니. 감개무량하다. 그것도 소주 한 잔과 함께. 소주가 달다. 나는 받은 소주 한 잔을 목으로 넘기고 잔을 털어 형님께 드렸다.

잠시 업무를 보고 온 형님이 다시 내 앞에 앉았다. 손에는 소주 한 병과 잔이 들려 있었다. 사장님께서 내가 생일이라고 하니 직원인 형님에게 그렇게 하라고 하셨단다. 이렇게 황송할 데가 있나. 나는 얼른 앉으라고 말씀드리고 소주잔을 여러 차례 주고받았다. 남자 둘이 이야기하다 보니 자연스럽게 군대 이야기가 나왔다.

그런데 이 형님께서 나를 본 적이 있는 것 같다고 했다. 나는 속으로 '설마'라고 하면서도 확신에 차서 말하는 형님을 바라봤다. 내가 해군에서 복무했다고 하니 혹시 2함대에도 있지 않았냐고 물어왔다. 나는 평택 2함대에서 1년 정도 근무

아름다운 함부르크의 밤거리

했다. 우리는 같은 시기에 2함대 사령부 벙커에 있었다. 형님
은 육군 연락장교였고 나는 화생방 작도병이었다. 그리고 한
미 연합 훈련, 워 게임과 같은 훈련을 함께 했었다. 같은 시기
인 2005년이었다. 이럴 수가. 우리는 헛웃음을 껄껄대며 연
신 웃었다. 참 재미있는 세상이요, 인생이다. 이런저런 이야
기를 주고받으며 내가 마련한 생일상에 손님까지 초대해 즐
거운 시간을 보냈다. 조금은 외로울 줄 알았던 유럽에서 맞는
생일은 풍성했고 행복했다.

독일에서 40년이나 사셨다는 주인아주머니께 나는 연거

푸 감사의 인사를 하고 숙소로 향했다. 소주 한 병을 마셔 취기가 오른 채 나는 함부르크의 밤거리를 기분좋게 걸었다. 참 아름다운 밤이다.

08

함부르크에서 맛본 함박스테이크
Hamburg, hamburger?

함부르크가 함박스테이크의 고향일까?

함박스테이크의 진화된 형태인 햄버거의 유래에 대해서는 정확한 기록이 없기 때문에 여러 설이 있다고 한다. 쇠고기를 갈아 납작하게 만든 패티를 그릴이나 직화로 구워 여러 채소와 함께 빵 사이에 끼워 먹는 샌드위치의 일종이 바로 햄버거다.

햄버거는 1880년 이후부터 먹기 시작했을 것이라고 추정된다고 한다. 그리고 미국이 이를 세계에 전파하는 데 큰 역할을 했다. 수천 년 고대 이집트인들이 고기를 갈아먹었다고 전해지기 때문에 이미 방법 자체는 알았을 것이다.

그리고 13세기에 칭기즈 칸이 유라시아 대륙을 정벌할 때 며칠씩 쉬지 않고 말을 달리면서 먹을 수 있는 음식을 찾았다고 한다. 그러던 중 남은 양고기 부스러기를 납작한 형태로 만들어 말과 안장 사이에 넣고 다녔는데 이 과정에서 패티가 된 것을 발견했다. 말을 타는 동안 반복해서 체중으로 눌러주는 효과로 인해 고기가 부드러워져 익히지 않고도 먹을 수 있었다고 한다.

이후 이러한 방법이 러시아로 전해졌고 러시아인들은 여기에 다진 양파와 날달걀을 넣고 양념해서 먹었다고 한다. 이것이 러시아의 타르타르스테이크라고 하는데, 이것이 17세기에 독일 최대 항구도시인 함부르크에 전해졌고, 함부르크 스테이크는 선원들에 의해 뉴욕에 전파되었다고 한다. 이후 여러 가지 방법으로 스테이크를 만들 때의 조리법이 추가되기도 했다.

햄버거의 유래는 미국 뉴욕 주의 햄버거Hamburg에서 열린 박람회와 관련된 설이 또 있다고 한다. 어찌 됐든 나는 독일 함부르크에 와 있으니 첫 번째 설을 믿어보며 함부르크의 함박스테이크를 기대해본다. 햄버거라는 어원을 첫 번째 설로 풀면, 독일의 지명 'Hamburg'에서 유래된 이름으로

'Hamburger'는 '함부르크에서 온 사람이나 물건'을 뜻한다고 한다. 네이버 지식백과 참조

하노버에서 함부르크로 오기 전 나는 고민했다. 사실 베를린으로 향할 예정이었는데 독일 최대의 항구도시인 함부르크를 그냥 지나칠 수 없었다. 내가 좋아하는 우리나라 부산이 생각났고 해군 복무 시절이 생각났다. 하노버에서도 버스로 2시간밖에 걸리지 않기 때문에 나는 가벼운 마음으로 함부르크행을 선택했다. 함부르크는 인구 170만여 명이 사는 대도시로 베를린 다음으로 큰 도시이다.

스스로 마련한 생일상을 기분 좋게 마치고 숙소로 오자 난감한 상황이 펼쳐졌다. 6인실 숙소에 나만 남자고 모두 여자였다. 이게 웬일이지. '생일이 맞나 보다'는 말도 안 되는 생각을 하며 인사를 나눴다. 많이 당황스러웠지만 그렇지 않은 척 인사를 건넨다. 사실 배낭여행객에게는 익숙해져야 하는 여행자 숙소의 풍경인데 내가 아직 적응을 못했나 보다. 스웨덴에서 온 두 명의 친구는 인사만 하고 각자의 이불속으로 머리를 감췄다. 쾌활하게 인사를 건네는 앨리라는 친구는 미국에서 사촌과 함께 왔단다. 오랜만에 익숙한 미국식 발음을 들으니 왠지 아주 깔끔하게 잘 들린다. 미국식 영어 교육의 왕성한 효과가 몸에 알코올이 들어가서 나타나는가 보다. 둘은 네

덜란드에서 와서 여기 머물다가 덴마크의 코펜하겐으로 간다고 했다. 몇 마디 주고받고 나는 많이 걸어서 피로해진 내 몸을 뜨거운 물에 녹였다.

함부르크에서의 둘째 날, 눈을 뜨니 모두 꿈나라다. 시간은 7시밖에 되지 않았다. 충분히 잠을 잔 덕분에 더 잠이 오지 않았던 나는 아무 생각 없이 멍도 때리고 여행기도 썼다. 점심때가 다 돼서 숙소를 나선다. 드디어 함부르크에서 함박스테이크를 먹으러 나서는 길이다.

여행 책자에 나온 'Jim Block'이라는 곳이 유명하다고는 했지만 나는 정식 함박스테이크를 맛보기 위해 레스토랑을 찾았다. 그렇다고 'Jim Block'이 정식이 아니라는 건 아닌데 패스트푸드 형식으로 판매한다고 한다. 'Jim Block'은 유명 스테이크 전문 레스토랑 'Block house'에서 만든 수제 햄버거 전문점이다. 때문에 맛은 패스트푸드와 비교 불가하다는 책자의 설명과 같이 정말 맛도 좋고 인기도 많다고 한다. 둘 중 선택을 해야 하니 나는 제대로 된 함박스테이크를 찾아 천천히 즐겨봐야겠다는 생각에 레스토랑으로 발걸음을 옮긴다.

막 12시가 지나는 시간에 레스토랑에 들어선다. 지나가다 보이는 여느 독일 미남들처럼 깔끔하게 생긴 웨이터가 나를 반긴다. 아직 점심시간 전이라 테이블은 한 팀만 있다. 나는 레스토랑 전체가 잘 보이는 한쪽 측면에 앉는다. 미남 웨이터는 세지 않은 영국식 발음으로 경쾌하게 메뉴판을 나에게 건네준다. 물을 마시겠냐는 제안에 나는 흔쾌히 동의한다. 그리고 함박스테이크, 즉 함부르크 식 Burger와 독일에서 식사에 빠질 수 없는 맥주를 주문한다. 물을 병에 내어 주는 걸 보니 아차 싶다. 돈을 내야 한다. 맥주로 갈증을 대신하려는 나의 자잘한 계획을 뒤로하고 수분이 부족한 내 몸에 물을 채운다. 돈을 아낀다고 며칠째 물을 사서 마시는 것을 안 했더니 괜히 더 마시고 싶어진다. 시원하게 물을 원샷 하고 레스토랑을 둘러본다. 블라인드로 가려진 창문은 햇빛이 블라인드 틈새로 들며 따뜻한 패턴을 그린다. 잘 정돈되어 있는 테이블을 바라보며 나는 여유를 느낀다. 시간도 적당하고 내 배꼽시계의 시장기도 적당하다. 이제 함부르크에서 함박스테이크를 맛보기만 하면 된다.

식전 빵이 나오고 드디어 주문한 함박스테이크가 나왔다. 우선 눈에 띄는 두 줄기의 베이컨을 잘라 맛본다. 고소한 훈제 베이컨 맛이 좋다. 바삭한 베이컨을 씹으며 함박스테이크를 이리저리 살펴본다. 옆에 있던 빵은 사실 햄버거의 위층 빵이었다. 이미 한 번 잘라먹고 난 뒤 다시 함박스테이크 위에 덮어본다. 빵 맛이 부드럽다. 보통의 햄버거 빵과 카스텔

함부르크에 먹는 햄버거의 모습

라의 부드러움의 중간 정도 느낌이다.

　이제 본격적으로 스테이크를 썰어볼 차례다. 한쪽 면을 세로로 자른다. 두꺼운 패티는 그 우람한 두께를 뽐내며 소고기 살점과 함께 육즙을 뿜어냈다. 부드러운 육즙을 흘려 보낸다. 빵과 함박스테이크와 곁들여진 채소를 함께 맛본다. 맛은 부드럽고 육즙의 향이 풍성하게 느껴진다. 입안에서 소고기의 질감과 신선한 채소가 잘 어우러진다.

함께 나온 BBQ 소스와 SOUR 소스를 곁들여서 먹으니 더 부드럽다. 나는 아주 천천히 함박스테이크를 느끼며 먹었다. 함께 나온 감자튀김도 너무 딱딱하지 않은 부드러움을 선물해준다. 내 몸에 에너지를 보충해줄 것 같은 노란색 맥주도 함께 목으로 넘긴다. 아주 만족스러운 점심식사다.

매너 좋은 웨이터는 일을 보며 내게 두 번이나 괜찮은지 물어본다. 나는 'Good'을 연발하며 엄지를 치켜 올린다. 함부르크에서 맛본 함박스테이크여서 그런지 더 만족스럽게 느껴진다.

가장 중요한 것이 스테이크의 식감으로 보통 맛보게 되는, 즉 어떨 때는 질겅질겅 씹히는 그런 맛이 아니었다. 고기의 맛과 질감이 느껴지면서도 적절한 간이 되어 다른 재료들과 조화를 이루었다. 그냥 고기를 갈아 무너지는 느낌이 아니다. 소고기의 육질이 느껴진다. 육즙과 함께 은은한 향도 퍼진다. 아마 패티에도 정말 다양한 재료가 들어가 있을 것이다. 이미 한 곡의 교향곡을 마친 패티가 다른 악기들과 함께 더 큰 오케스트라 협주를 하는 듯했다. 조화로운 부드러움이었다. 중간에 사진도 찍어가며 천천히 먹었는데도 유지되는 온기도 풍부한 맛에 한몫했다.

얼마 안 되지만 나는 독일인 웨이터에게 잔돈을 팁으로 주었다. "It was really nice"라고 말했다. 그리고 고맙다고 말하며 나는 레스토랑을 나선다. 외국 여행에서 식사를 할 때 나는 이런 생각을 하곤 했다. 새로운 음식을 경험하는 정도로 '이런 맛이구나, 맛있네, 괜찮네' 정도의 생각 말이다.

그런데 오늘은 레스토랑을 나오며 마치 한국에서의 맛집에서 만족스러운 식사를 하고 나오며 배를 두드리는 것과 같은 만족스러움이었다. 함박스테이크의 고향 함부르크에서 맛본 함박스테이크는 정말 나이스 했다.

09

함부르크의 거리
함부르크를 걷다

함부르크에서의 둘째 날, 함박스테이크를 맛있게 먹고 난 후 함부르크의 거리를 걸었다.

시내의 메인 스트리트라고 할 수 있는 묀케베르크 거리를 걷는다. 여러 브랜드 상점들이 보인다. 익숙한 브랜드숍 사이의 거리로 지나가는 사람들이 발걸음이 경쾌하다. 걷다가 발견한 서점에 들어간다. 다른 도시에서 큰 서점을 발견하지 못했던 터라 반가웠다.

넓은 서점은 구간별로 잘 정돈되어 있다. 고등학교 시절에 배웠던 독일어로 된 책들을 읽지 못하는 내 눈을 다른 곳으로 재빠르게 돌린다. 깔끔하게 양장된 다이어리가 내 마음을 사로잡는다. 예쁜 노트들과 다이어리들이 많다. 가격을 보고 다시 내려놓는다. 보는 것만으로도 만족스럽다.

성 미하엘 교회는 독일에서 발행하는 유로화 동전에 새겨질 정도로 독일을 대표하는 장소라고 한다. 내부에는 로코코 양식이라고 하는 장식들이 화려하다.

성 미하엘 교회

엘리베이터를 타고 첨탑으로 올라갈 수 있는데 나는 대신 교회 안 의자에 앉았다. 왜냐하면 그 고요함에 저절로 몸과 마음이 차분해졌기 때문이다. 종교가 있진 않지만 나는 의자에 앉아서 차분하게 기도했다. 아주 천천히 내가 원하는 것들을 마음속으로 읊는다. 마음이 평온해지는 고요함을 선물 받고 나는 흐뭇한 감정을 가슴에 잘 담아보았다.

조금 더 걸으니 비스마르크 동상이 있다. 오토 폰 비스마르크는 통독의 주역이라고 한다. 독일은 중세 이래로 신성 로마 제국이라는 이름 아래 서유럽에서 가장 큰 영토를 차지하고 있었지만 크고 작은 연방 국가의 연합체에 지나지 않았다. 19세기에 이르러서도 통일 국가를 형성하지 못하고 있었는데 독일 내부에서는 활발하게 독일 통일 운동이 전개되고 있었다. 그 과정에서 수상에 취임한 비스마르크가 주도적인 역할을 했다. 동일한 언어와 동일한 생활 습관으로 살아가는 사람들이 통일된 국가를 이루려는 것을 '내셔널리즘'이라고 한다. 독일 통일 이후로 이 내셔널리즘이 세계 각지에 큰 영향을 주었다고 한다네이버 지식백과 참조.

비스마르크 동상은 독일 전역에 많이 있지만 함부르크에 있는 동상이 가장 크다고 하는데 약 35m의 높이다.

칠레 하우스라는 건축물 앞에 섰다. 정보 검색을 해보니

칠레하우스의 낮과 밤, 밤에 보는 것이 더 멋질 것 같아 밤에 다시 찾아갔다

죽기 전에 꼭 봐야 할 세계 건축 순위에 있다. 2015년에 유네스코 세계문화유산으로도 등록된 건축물이라고 한다. 왠지 뿌듯한 느낌으로 건축물을 살펴본다.

1924년 '프리츠 회거'라는 건축가에 의해 완성된 칠레하우스는 본체가 뱃머리 모양이다. 그 수직성의 힘에 압도되는 느낌이 든다. 한편 건물 옆선은 아름다운 곡선으로 곳곳에 꾸며져 있다. 얼마 전에 지었다고 해도 무방할 정도로 깔끔한 아름다움을 느낄 수 있다. 적갈색 클링거네덜란드 식으로 단단하게 소성한 벽돌 480만 장이 건축을 위해 사용되었다고 한다. 함부르크의 사업가 헨리 브라렌스 슬로먼Henry Brarens Slomandm이 칠레에 많은 돈을 벌고 돌아와서 지은 건물이라 칠레 하우스라고 이름을 붙였다고 한다. 벽돌 색과 함께 조화를 이루는 하얀색 창문도 매력적으로 보인다. 창문의 수가 무려 2천8백 개라고 한다.

오후 4시쯤 숙소로 돌아왔다. 저녁 여행을 위한 휴식이 필요했다. 숙소에 왔는데 내가 나올 때인 12시까지 자고 있던 앨리와 그녀의 사촌이 아직도 자고 있다. 신기했다. '저녁에 더 신나게 놀 계획인가 보다'라는 생각이 머릿속을 스친다. 나는 잠시 꿀맛 같은 낮잠을 잤다. 함부르크의 거리의 볼거리들을 감상한 흐뭇함에 잠이 더 달콤했다.

10

함부르크는 항구다
독일 최대의 항구 도시, 함부르크

하노버에서 함부르크행을 택한 건 함부르크가 항구도시이기 때문이다. 항구와 배를 좋아하는 나는 함부르크의 항구를 보고 싶었다. 독일에서 가장 큰 항구라고 할 수 있는 함부르크의 항구로 발걸음을 옮긴다.

항구는 거대했다. 나의 발걸음이 다다른 곳에서 봐도 넓었는데 저 멀리 보이는 곳까지 합하면 어마어마한 면적이다. 나는 지도에 나와 있는 항구 쪽을 향해 걸었다. 지도에 '잠수함'이라고 쓰여 있는 곳을 향했다. 마침내 잠수함이 나온다. 퇴역 잠수함을 관람용으로 사용하고 있다. 관광객들이 입장료를 내고 잠수함 내부를 구경한다. 나는 잠수함 내부를 본 경험이 있기 때문에 밖에서만 잠수함을 바라본다. 오랜만에 보는 바다 용사들이 반갑다. 곳곳에 색이 바랜 한 검정색의 잠수함은 겉보기에도 오랜 시간을 지내온 듯하다.

항구가 도시와 밀접하게 연결되어 있기 때문에 관광을 위한 유람선도 보인다. 컨테이너를 하역하는 하역을 위한 크레인들이 즐비하다. 항구 근처 둑에 앉아 데이트를 하는 연인, 책을 읽는 사람들, 산책을 나온 가족들이 보인다. 주차장에는 캠핑카들이 꽤 많이 보이는데 캠핑여행 중인 가족들이 차 안에서 인사를 건넨다.

나는 하펜시티라고 하는 쪽으로 걸었다. 하펜시티는 항구 옆 버려진 땅을 재활용하여 복합 문화공간으로 만든 곳이다. '항구 속 도시'라고 불릴 만큼 잘 만들어졌다. 그 안에는 박물관과 문화시설이 있고 중세의 항구 풍경을 보존해 놓은 구간도 있다. 나는 우선 하펜시티의 항구에 앉아 항구를 그대로 느꼈다. 지나가는 사람들을 보고 흘러가는 유람선, 하늘을 유영하는 바람을 바라본다. 많은 관광객들이 이곳을 찾는다. 주로 유람선을 많이 탄다.

지나가는 길에 아이스크림 가게가 있었다. 유치원에서 단체로 줄을 서 있어서 한참을 기다려야 했는데 의자에 앉아 계속 그 풍경을 천천히 바라봤다. 아이스크림을 기다리는 아이들의 모습이 참 예쁘다. 나는 천천히 나의 순서를 기다리며 항구의 풍경을 감상한다. 아이스크림을 맛보고 한참을 앉아 있다가 '란둥스부뤼겐'이라는 곳으로 간다. 바로 옆에 있다. 함부르크 항구의 관문이라고 하는 '선착장들'이라는 뜻의 란둥스부뤼겐에는 과거에 실제로 유럽과 미국 사이를 오가던 거대한 범선이 있다.

란둥스부뤼겐으로 향하는 길

하펜시티의 중심으로 가본다. 새롭게 만든 구역이기 때문에 하펜시티는 신구가 공존하는 모습을 보여준다. 1800년대 후반 항구에서 물건을 싣거나 내릴 수 있도록 창고 사이에 수로를 낸 창고거리가 있다. 붉은색 벽돌로 지은 창고건물들 사이로 바닷물이 차 있다.

천천히 걷고 있는데 아주 익숙한 푯말이 눈에 띈다. 순간 내가 잘못 본 것인지 고개를 다시 한번 돌린다. 다리 이름을 알리는 표지판에 한글이 쓰여 있다. '부산교'라고 쓰여 있다. 주위에 어떤 설명이 있진 않았는데 굉장히 반가웠다. 내가 좋아하는 항구도시 부산 덕분에 함부르크행을 선택한 면도 있는데 여기에서 '부산교'라는 친구를 만나니 반가웠다.

반가운 한글 부산교

특이한 모양의 마르코폴로타워

옆에 마르코폴로타워가 있다. 이 건물은 2010년에 완공된 주거용 건물인데 많은 건축상을 휩쓸었다고 한다. 바다 풍경과 함께 잠시 감상했다. 지나가는 길에 미니 자동차를 즐기는 사람들을 만난다. 귀여운 굉음을 내며 달리는 자동차들의 모습이 재미있다.

항구의 큰 모습만 감상했지만 왠지 마음이 더 넓어지는 기분이다. 나에게 항구는 그런 기분을 안겨준다. 아주 많은 것을 품고 멀리 나가기 위한 용기가 충만한 모습이랄까. 망망대해에 나가도 기죽지 않고 헤쳐 나갈 수 있는 용기를 항구가 충전해주지 않을까. 항구를 바라보면 기분이 좋다. 이런 항구의 모습을 낮에만 볼 순 없다. 많이 걸어 다닌 덕분에 조금 피곤했지만 나는 밤에 다시 올 마음을 먹는다.

밤에 함부르크 항과 하펜시티를 다시 찾았다. 낮에 봤던 창고 거리의 모습은 몇 배나 멋지게 변해 있었다. 하펜시티 곳곳의 거리도 조명과 함께 그 조화로운 빛을 낸다. 가로등 하나도 거리를 멋지게 밝혀준다. 그 멋진 길을 걸으며 함부르크 항구를 걷는다. 기분이 좋다. 야경을 한층 더 아름답게 만들어주는 은은한 조명들이 고맙다. 멀리 보이는 항구의 빛은 신선하다. 내가 보는 항구의 모습은 밤이다. 밤의 항구는 낮보다 더 역동적이다. 어둠을 밝히고, 그 가운데 배가 드나든다. 컨테이너들이 옮겨지고 많은 사람들이 작업에 참여할 것이다.

낮에 걸었던 길 역시 멋있다. 조금 지나다 보니 엘브 터널이라는 곳이 있다. 지도에서 본 이 터널을 사실 낮에는 찾지 못했었다. 밤에 그냥 걷다가 발견했다. 이 터널은 항구의 외항과 연결된 지하 터널이다. 중요한 점은 육지와 외항을 연결하기 위해 만든 이 기술을 1911년에 실현했다는 것이다. 당시

만 하더라도 강 밑으로 터널을 뚫기는 어려웠을 것이다. 독일 건축공학의 기술력을 직접 느끼고 있다. 터널 입구에서 엘리베이터를 타고 내려가면 터널이 나온다. 터널을 건너면 외항으로 갈 수 있다. 자전거를 타는 사람들이 계속해서 터널을 건넜다.

엘브 터널 내부

조금 높은 곳으로 올라와서 다시 함부르크 항구의 야경을 감상한다. 함부르크는 매력적인 항구도시다. 함부르크에 오길 잘했고 야경을 보기 위해 밤에 항구를 다시 찾길 잘했다. 시원한 바닷 바람을 느끼며 함부르크에서의 마지막 밤을 보낸다.

아름다운 함부르크의 야경

가자! 베를린으로

독일의 수도, 베를린

기분 좋은 우연한 만남이 있었던 아름다운 항구도시 함부르크를 뒤로 하고 베를린으로 향한다. 베를린! 독일 제1의 도시, 독일의 수도이다. 여행을 하며 그 나라의 작은 도시들을 가는 것도 아주 매력정인 경험이지만 수도에 갈 때는 왠지 기대감이 커진다. 물론 조금은 복잡하겠지만 볼거리가 많을 것 같고, 수도의 사람들은 어떤 모습이고 어떻게 살아가는지 궁금해진다. 나는 ICE 고속열차를 기다린다. 플랫폼에서 시간과 기차를 확인한다.

옆에 있는 꼬마 아가씨의 모습이 귀엽다. 이리저리 몸을 움직이며 자기만의 언어를 흥얼거린다. 자신이 먹던 빵을 다 먹고 동생의 과자를 빼앗아 먹는다. 어린 동생은 곧장 울음을 터트린다. 꼬마 아가씨는 엄마의 눈총을 받으며 눈치를 본다. 고사리 손으로 동생의 이마를 쓰다듬어 보지만 동생의 울음은 그치지 않는다. 엄마가 가방에서 막대 사탕을 꺼내 동생에게 물리고 상황은 정리된다. 꼬마 아가씨는 다시 쾌활한 웃음을 되찾았다. 양복을 멋지게 차려 입은 이태리 신사도 보이고, 백발의 할머니도 보인다. 플랫폼의 광경이 재미있다.

베를린으로 가는 기차에서 한국인 여행객을 만났다. 나는 올해 스무 살인 그 친구가 예약한 숙소를 따라갔다. 계획을 헐렁하게 잡는 나는 방이 있을 거라는 생각으로 자연스럽게 따라갔다. 역시 방이 있었고 가격도 저렴했다. 스무 살 친구가 복숭아를 건넨다. 여기에서 과일은 왠지 더 반갑다.

그들에게는 일상, 나에게는 재미있는 플랫폼의 광경

고맙다고 말하고 얼른 받아 들어 입에 갖다 댄다. 그런데 복숭아 모양이 독특하다. 세로축이 동그란 모양이 아니라 납작하다. 물론 맛은 좋았다.

숙소에서 체크인을 하며 대기시간이 좀 생겼다. 그 와중에 보이는 다른 한국인과 이야기를 나눴다. 군 전역 후에 첫 학기를 마치고 배낭여행을 온 친구였다. 체크인을 하고 스무 살 친구와 전역한 친구와 함께 숙소를 나섰다. 베를린에서의 첫날이니 가볍게 돌아다니며 함께 저녁 식사를 할 생각이다.

베를린 거리를 걷다가 재미있게 생긴 동체가 우리 앞을 지난다. 여러 명이 함께 타는 자전거다. 함께 탄 사람들은 웃고 떠들며 발을 굴린다. 베를린에는 관광객이 많고 이 역시 관광 상품 중 하나인가 보다.

재미나게 생긴 자전거에 올라탄 사람들

수제 햄버거 가게 안 Bar의 모습

아침에 함부르크 숙소에서 간단한 아침을 먹고 아무것도 먹지 못했다. 허기진 배를 붙잡고 우리는 저녁 식사 장소를 물색한다. 스테이크를 먹고 싶었지만 입구에 있는 메뉴판에서 가격에 무릎을 꿇고 옆에 있는 햄버거 가게에 들어간다.

수제 햄버거를 파는 가게인데 가운데 Bar의 모습이 인상적이다. 칵테일이 유명한지 직원들은 계속해서 알록달록한 색의 칵테일들을 만들고 있고, 레스토랑의 자리가 거의 다 찰 정도로 많은 사람들이 있다. 우리는 햄버거와 맥주를 시키고 반가움을 표시하는 건배와 함께 저녁 식사를 즐겼다. 베를린에서의 첫 날이다.

12

배낭여행 일주일째
여행의 시간

벌써 여러 도시를 돌고 있는데 사실 여행을 시작한 지 이제 일주일밖에 지나지 않았다. 동유럽 여행을 천천히 즐기고 있다. '천천히'라는 말에는 다양한 의미가 포함되어 있다.

나는 나라와 도시만 대충 정하고 왔다. 빡빡한 계획을 세우지 않았다. 내일 일정은 전날 잡는다. 시간이 될 때, 무리하지 않으며 가고 싶은 곳을 고른다. 어쩔 때는 꼭 찍어야 하는 포인트에 욕심을 내기도 하는데 도시를 떠날 때면 늘 아쉬움이 남는다. 그때 마음을 비우고 고마웠다고 인사하면 이내 마음이 편안해진다.

인생에서도 우리는 늘 최선의 이별을 준비한다. 사실 이렇게 말하면 슬프지만 그래서 인생이 의미 있는 것이다. 만남이 있으면 이별이 있고 마찬가지로 탄생이 있고 그 반대가 있기 때문에 인생을 의미 있게 살고 싶은 것이다. 내 앞에 있는 사람을 소중히 여기고 따뜻한 말 한마디를 더 건넨다. 여행에서도 실천한다. 비록 짧은 만남이지만 나는 꼭 하고 싶은 일을 하고 소망하는 것들 잘 이뤄 나가라고 반드시 말해준다.

여행 일주일을 보내는 시점이 되니 마음이 더 편안해졌다. 한국과의 시차 7시간도 적응되었고 가방을 풀었다 다시 싸는 것도 익숙해졌다. 그리고 여행을 이어 나가는 것 자체도 이미 익숙해졌다. 가끔씩 배 속에서 밥알을 부르는 소리를 외면하지는 못하고 있지만 나름 유럽 음식을 질리지 않게 소화시킨다.

한국에 있는 가족과 지인들은 잘 지낼까? 괜히 멀리 나오니 보고 싶다. 다시 만나면 더 반갑겠지. 이것도 여행의 매력인 것 같다. 어딜 갔다 오면 이별과 만남이 반복되니 그 과정에서 인간애가 더 발휘된다. 다시 만나서 그간 있었던 일들을 함께 나누며 계속 또 살아간다. 이것 또한 인생의 기쁨이다.

나름 무리하지 않고 충분히 쉬어가며 여행 일주일을 보내는 동안 가장 고마운 건 바로 내 다리다. 도시 곳곳을 거뜬히 걸어 다니며 많은 것을 볼 수 있게 도와주는 내 두 다리가 무척 고맙다. 많이 돌아다닌 밤에는 따뜻한 물로 피로를 달래주고 찬물로 근육을 풀어준다. 다음 날을 위해 그 정도의 휴식으로도 다음 날 또 걸어내는 내 다리가 참 좋다. 건강하게 낳아주신 부모님께도 더 감사한 마음이 생긴다. 남은 일정도 건강하게 내 다리와 함께 더 많은 것을 보고 느끼며 여행을 즐기고 싶다.

Berlin

Dresden

Part 2.

여행에서의 반갑고 소중한 만남

13

아인슈타인이 교수로 활동한 대학교

베를린에서 아인슈타인을 만나다

베를린이다. 독일의 수도.

독일 여행 경로를 계획할 때 다른 도시들과 베를린과의 거리가 꽤 멀기 때문에 아주 잠깐 고민했었다. 어떤 나라는 수도가 행정 중심의 역할만 하고 관광지로는 유명하지 않은 곳도 있다. 하지만 독일의 베를린 아닌가. 역사가 있고 역사의 상징이 있는 독일 제일의 도시를 그냥 지나칠 수 없었다. 다행히 독일에는 교통편이 매우 편리하게 되어 있어 쉽게 이동할 수 있다. 어제는 베를린에 도착해서 가볍게 돌아보고 휴식을 취했다.

2주간 독일의 여러 도시를 여행하고 있다. 독일을 있는 그대로 느끼고 있다. 잠깐 독일에 대해 살펴보자. 독일은 13개 주와 2개의 자유도시가 모인 연방국가다. 13개의 주는 독자적인 법을 가지고 선거를 치른다. 도이치란트라고 하는 'Deutchland'의 뜻은 '국민의 국가'라는 뜻이라고 한다. 영어 이름인 Germany는 '게르만족의 국가'라는 뜻이다. 그래서 우리가 부르는 '독일'이라는 이름은 사실 원어 이름과는 관련이 없다고 한다. 이것은 일본에서 도이치란트의 '도이치'를 발음하고자 '獨逸'이라고 적은 것에서 유래한다고 한다.

이제 베를린 시내로 나가 볼 차례다. 지나가는 사람들이 상당히 많은 편이다. 현지인도 있고 관광객도 많이 보인다. 먼저 베를린의 훔볼트 대학교로 향한다. 독일의 대표적인 대학교로 1810년 당시 프로이센의 교육장관이었던 세계적인 석

베를린 훔볼트 대학교

학 훔볼트의 제안으로 설립되었다고 한다. 명문 공립대학교로 인문학, 사회과학, 자연과학 분야의 명성이 높은 대학으로 베를린에서 가장 오래된 대학이다. 이 대학에서 아인슈타인이 교수로 활동했다고 한다.

아인슈타인? 그렇다. 1921년 노벨물리학상을 수상한 알버트 아인슈타인이다. 그는 독일 태생의 이론물리학자이다.

잠시 그에 대한 자료를 찾아본다. 그는 어린 시절에 판에 박힌 학습과 교육방식을 경멸했다고 한다. 그래서 때때로 무례한 행동을 보이기도 했다. 스위스 취리히 연방공과대학에 낙방했다가 재수를 해서 물리학과에 입학한 그는 고전 물리학에 염증을 느끼고 이론 물리학자들의 저서로 혼자 공부하기를 즐겼다고 한다. 1901년 대학을 졸업하고 교사가 되고자 했지만 자리를 얻지 못해서 스위스 베른 특허국의 관리 자리를 얻어 5년간 근무했다.

특허국 직원으로 일하면서 발명품을 검사하지 않을 때는 항상 물리학을 연구했다고 전해진다. 그는 독일에서 교수로 활동을 이어가다 나치 정권의 유대인 추방이 시작되자 1933년에 미국으로 떠난다. 프린스턴 대학교에서 교수로서 연구와 교육 활동을 이어갔다. 학자로서도 세계적인 명성의 아인슈타인이지만 헝클어진 머리와 형식에 구애 받지 않는 자유

아인슈타인 교수를 소개하는 액자가 걸려 있다

로운 행동으로 인간미를 발산했다. 그래서 그의 주옥같은 명
언들은 많은 책에서 인용된다.

"나는 똑똑한 것이 아니라 단지 문제를 더 오래 연구할 뿐이다."
– 알버트 아인슈타인 –

그가 훔볼트 대학교에서 교수로 활동한 시기는 그리 길지 않았던 것 같다. 어쨌든 그가 있었던 학교를 방문한 것이니 나는 아인슈타인이 있었던 공간에 지금 서 있다. 학교에 들어서서 여기저기를 둘러본다. 학교에는 아인슈타인 이외에도 유명한 학자들이 많다. 훔볼트 대학교의 졸업생과 교수를 포함해서 노벨상 수상자가 40명이나 된다고 한다.

교수로 활동한 사람은 아인슈타인 외에도 문화비평가 발터 벤야민, 철학자 프리드리히 헤겔, 요한 고틀리브 피히테, 법학자 헤르만 헬러가 있다. 그리고 유명한 졸업생으로 사회주의 철학자 칼 마르크스, 프리드리히 엥겔스, 플랑크 상수로 유명한 물리학자 막스 플랑크도 있다. 이름만 들어도 신기한 위인들과 함께 서 있는 기분이라 기분이 묘하게 좋다.

14

베를린 장벽 앞에 서다
분단의 역사 현장

　베를린 하면 떠오르는 것이 바로 베를린 장벽이다. 같은 분단국가인 우리나라 사람들에게는 더 익숙하지 않을까. 우리나라는 아직 휴전 중이지만 통일이 된 독일에서 그 상징적인 곳을 방문하는 것은 의미 있는 일이다.

　나는 우리나라가 분단국가임을 더욱 절실하게 느낀 적이 있었다. 몇 년 전 직업군인으로서 군 복무를 하고 있는 친구 우형이를 만나러 강원도 화천을 찾았었다. 나는 친구를 따라 칠성전망대라는 곳으로 갔다. 덕분에 민간인이 갈 수 있는 최전방까지 가봤다. 전망대에서는 멀리 북한의 민둥산이 보였

여행에서의 반갑고 소중한 만남

다. 철조망을 경계로 남과 북은 분단되어 있다. 그곳에 섰을 때 나는 새삼 더욱 절실하게 느꼈다. 우리나라는 분단국가다.

베를린에 도착한 이튿날 나는 베를린 장벽 앞에 섰다. 'East side gallery'라고 철거되지 않은 1.3km 길이의 베를린 장벽을 볼 수 있는 곳이 있었다. 통일 직후부터 총 21개국 118명의 예술가들에 의해 그림이 채워 완성된 갤러리라고 한다. 슈프레 강을 따라 걷다가 'East side gallery'를 따라 계속 걸었다. 냉전을 상징하는 예술 작품들이 계속 이어진다. 독특한 그림을 사진으로 담아본다. 벽을 따라 많은 사람들이 오고 간다.

체크포인트 찰리와 기념품 가게에 있는 장벽 조각

베를린 장벽을 더 볼 수 있는 곳이 있다. 체크포인트 찰리라는 곳으로 향한다. 이곳은 동서독 분단 시절, 미국이 통치

하던 서베를린 지역의 국경 검문소다.

통일 후 동서를 가른 모든 국경 검문소는 철거되었지만 체크포인트 찰리는 관광 상품으로 보존되었다고 한다. 검문소에는 군복을 입고 있는 사람들이 기념사진을 찍어주기도 한다. 역시 많은 관광객들이 이곳을 찾는다. 박물관 근처 곳곳에는 장벽의 일부를 그대로 걸어둔 모습도 보인다.

이제 베를린 장벽이 있던 분단선 앞에 선다. 벽은 허물어졌지만 그 흔적은 남아 있다. 베를린 장벽은 1961년 동독 정부가 세웠다. 그 전까지는 왕래가 가능했다. 하지만 자유를 찾아 서베를린으로 이주하는 사람들이 많아지자 동독 정부가 세운 43km에 달하는 장벽을 세웠다. 나는 지금 그 장벽의 흔적 앞에 서 있다.

장벽의 흔적

이주를 차단하자 동독에서는 자유의 외침이 커지고 체코로 월경하는 난민이 늘었다고 한다. 이에 동독 정부는 "난민의 서독 방문을 허락하겠다."고 발표하는데 이것을 언론에서 '즉각적인 서독 방문 허락'이라며 잘못 보도했다고 한다. 그리고 동베를린 사람들은 즉시 장벽을 부수고 서베를린으로 넘어갔다. 사실상 장벽이 붕괴되고 국경 초소가 개방되었다. 장벽의 공식적인 철거는 1990년 6월, 그리고 그해 10월 3일 마침내 독일은 통일을 이루었다고 한다.

장벽의 흔적

15

베를린의 거리

베를린을 걷다

베를린 거리를 걷는다. 첫날 구매한 박물관 섬을 관람할 수 있는 티켓이 있다. 박물관 섬은 프리드리히 4세가 제안하고 훔볼트 대학의 설립자 훔볼트의 지휘 아래 당시 박물관들이 군집해서 만들었다고 한다. 박물관 안의 예술 작품들은 프로이센이 강성해지면서 세계 곳곳에서 수집한 것들이다. 4개의 박물관이 있는 박물관 섬은 1999년에 유네스코 세계문화유산으로 등록되었다. 세계 곳곳에서 수집했기 때문에 박물관 안에는 고대 그리스와 로마 유물, 그리고 이집트에서 발굴한 작품들도 있다.

구 박물관, 여행객들의 웃음소리가 정겹다

　　박물관을 관람하고 대성당 앞에 섰다. 그 모습이 정말 웅
장하다. 대성당 앞 광장 잔디밭은 시민들과 관광객들로 붐빈
다. 모두 잔디밭에 앉아 베를린을 느끼고 있다. 대성당은 프
로이센의 왕과 독일 제국의 황제를 배출한 호엔촐레른 가문
의 무덤을 위해 건축되었다고 한다. 매우 화려한 대성당은 제
2차 세계대전으로 파괴되기 전에는 지금보다 훨씬 더 크고 화
려했었다고 한다. 내부에는 독일 최대 규모의 파이프 오르간

대성당 내외부 모습

이 있다. 파이프 오르간을 감상하고 대성당 돔 전망대에 올라본다.

역시 올라가는 길이 만만치 않다. 힘겹게 오른 덕분에 베를린 전경이 보인다. 멀리 TV 타워라고 하는 365m 높이의 독일에서 가장 높은 송신탑도 보인다.

대성당에서 내려와 다시 베를린의 거리를 걷는다. 알렉산더 광장에 앉았다. 분수대 옆으로 사람들이 많다. 천천히 베를린에 있음을 느껴본다. 다시 일어나 사람들이 몰려 있는 곳으로 가본다. 노이에 바헤라는 곳인데 1816년 프로이센 군대의 위병소로 사용된 공간이라고 한다. 1993년부터 기념관으로 사용했다고 한다.

내부에는 캐테 콜비츠가 만든 '죽은 아들을 안은 어머니'가 있다. 전쟁 피해자들을 상징하는 작품이다. 돌아가는 길에

'니콜라이 지구'라는 골목으로 들어간다. 베를린에서 가장 오래된 시가지라고 하는데 골목마다 아기자기하고 예쁘다. 지나가는 길에 행인에게 사진 한 컷을 부탁한다. 곰 인형과 함께 찍

캐테 콜비츠가 만든 '죽은 아들을 안은 어머니'

여행에서의 반갑고 소중한 만남

베를린에서 발견할 수 있는 곰들의 모습

었는데 베를린과 곰은 연관되어 있다. 왜냐하면 베를린이라
는 도시 이름이 새끼 곰 Bärlin^{베얼라인}이라는 단어에서 유래했
기 때문이다. 그래서 베를린 곳곳에서는 곰의 흔적을 발견할
수 있다.

　니콜라이 지구를 지나 겐다르멘 마르크트 광장 옆 프랑스
돔과 독일 돔을 본다. 두 건물은 마치 쌍둥이처럼 닮았다. 종
교의 자유를 찾아 프랑스에서 탈출해 베를린에 정착한 위그
노 교도를 위한 예배당이 프랑스 돔이고, 독일 민주주의에 대
한 박물관으로 사용되는 건물이 독일 돔이다. 두 건물 사이에
있는 콘체르트 하우스는 베를린 심포니 오케스트라가 공연하
는 곳이라고 한다. 프랑스 돔에 오르니 내부에 보이는 종이

브란덴부르크 개선문과 국회의사당

거대하다.

고대 그리스의 아크로폴리스 입구를 본떠 만든 개선문인 브란덴부르크 문에 간다. 근처에 있는 독일 연방의회 의사당을 구경하고 베를린에서의 마지막 날을 마무리한다.

맥주로 마무리하고 싶은데 마실 곳이 마땅치 않다. 나는 알렉산더 광장으로 가서 병맥주를 샀다. 간단하게 케밥과 함께 베를린 병맥주 2종류를 맛본다. 가벼운 케밥이 아닌데도 배가 고팠는지 다 먹었다. 시원하게 맥주도 마시고 베를린 거리를 걸으며 숙소로 발걸음을 옮긴다. 내일은 독일의 피렌체라고 하는 드레스덴으로 갈 예정이다.

16

사람 만나는 즐거움

만남의 기쁨

베를린에서 하루를 줄이고 드레스덴으로 향하는 버스표를 끊으러 갔다. 오늘 오전에 베를린 외곽, 오링엔부르크에 있는 유대인 강제수용소 기념관인 작센하우스에 갔다가 고속버스 정류장으로 곧장 왔다. 어제 인터넷으로 알아보니 1시간마다 버스가 있어서 예약은 하지 않았었다. 다행히 3시 버스표를 끊을 수 있었다. 버스 출발 전까지 점심식사를 해결하기 위해 정류장 매점에서 먹을 것을 샀다. 탄수화물이 당겼지만 참았다. 신선한 토마토와 치즈가 들어간 크루아상, 그리고 수분을 함께 보충할 수 있는 오렌지주스 1리터를 6유로에 샀다. 우선

유럽 여행하는데 동남아 여행하는 듯한 나의 모습

오렌지주스부터 들이켠다. 물을 사서 마시고 싶었지만 버스 표부터 끊어놓을 생각에 열심히 걸어왔더니 목이 탄다.

셀카를 찍으려고 하자 앞에 있던 이탈리아인 부부가 말을 건넨다. 아저씨가 사진을 찍어주겠다고 했다. 아저씨는 카메라에 익숙하지 않았는데 아저씨가 찍어준 후 아주머니가 말한다. 자신이 다시 찍어주겠다고 한다. 역광이라고 반대쪽까지 걸어가서 사진을 찍어준다. 웃음이 절로 난다. 흐뭇한 미소로 감사를 표현했다.

17

독일의 피렌체에 오르다

드레스덴의 성모 성당에 올라서

드레스덴은 독일의 피렌체라고 불린다. 그만큼 아름다운 도시이다. 사실 2차 세계대전 이전에 더욱 아름다웠다고 한다. '강건왕'이라고 불린 아우구스트는 17세기에 화려한 건물로 도시가 더욱 빛나도록 만들었다. 2차 세계대전에서 미국과 영국 공군으로부터 받은 집중포화로 드레스덴은 정말 쑥대밭으로 변했다. 21세기에 들어서야 옛 모습을 되찾았다.

1939년에 독일이 소련과 상호 불가침 조약을 체결한 뒤 폴란드를 침공해서 제2차 세계대전이 시작되었다. 폴란드의 항복 후 1940년 독일은 '마지노선'을 우회하여 프랑스를 침공해 2개월 만에 파리를 점령했다. 하지만 마지막 연합군인 섬나라 영국이 끝까지 항전했다. 히틀러는 물자 조달을 위해 1941년 동맹국인 소련을 침공했고 미국이 참전하면서 독일은 영국, 소련, 미국을 홀로 상대하는 상황이 되었다. 1945년 2월 연합군의 드레스덴 폭격으로 전쟁이 사실상 끝났다.

관광지를 걷다 보니 엽서에 2차 세계대전 이후의 드레스덴 모습이 보인다. 참혹한 그 모습에서 다시 이렇게 복원한 것이 정말 대단하게 느껴진다. 지금도 이렇게 아름다운데 예전에는 어땠을지 잠시 상상을 해본다. 시내를 걷다가 드레스덴에서 가장 높은 곳에 오르길 마음먹는다. 성모 교회 Frauenkirche 라는 곳은 96m의 중앙 돔이 있는 교회이다. 이탈리아의 피렌체에 가면 두오모 성당이 있고 그 위에 오르면 아름다운 피렌체의 광경을 볼 수 있듯이 성모 교회에 오르면 그럴 수 있을 것 같다.

왼쪽에 높이 솟은 건물이 96m 높이의 성모 교회다

드레스덴으로 향하는 버스 안이다. 베를린에서 열심히 발걸음을 옮긴 덕분에 드레스덴에서 이틀이나 머물 수 있다. 야경이 아름답다는 드레스덴을 충분히 느끼고 갈 수 있을 것 같다. 베를린에서 드레스덴까지 가는 길에 한국 사람들을 많이 만났다. 주로 여행 경로가 어땠었는지를 묻는다. 내가 만나는 사람들은 모두 학생이었다. 방학을 이용해서 배낭여행을 오는 한국 학생들이 많다. 나는 하고 있는 공부에 대해서 묻고 들었다.

함부르크에서 베를린으로 향하는 기차에서 만났던 스무 살 친구는 대학교 1학년 1학기를 마치고 여행을 왔다고 했다. 수능시험을 잘 보지 못했고 점수에 맞춰서 간 대학교 첫 학기를 너무 정신없이 보냈단다. 학점도 망치고 이래저래 힘든 시기를 보내고 있었는데 부모님께서 여행을 권하셨다고 했다. 짧은 이틀이었지만 나는 그 친구와 몇 시간을 함께하며 대화를 나눴다. 나는 코치로서 그 친구와 코칭 대화도 잠깐 나눴는데 그게 괜찮았나 보다. 베를린에서의 마지막 밤, 숙소 1층에서 작별인사를 나누던 중 고맙다는 소리를 들었다. 이번 여행에서 무언가 찾으려고 왔는데 베를린에서 찾은 것 같다고 했다.

"형 덕분에 제가 여행에서 찾고자 하는 걸 찾는 데 큰 도움을 받은 것 같아요."

나는 그 친구를 격려해 줬다. 아주 중요한 것을 스스로 잘 발견해냈다고 지지해 주었다. 버스에서 그 친구를 떠올리며 글을 쓰고 있는 지금, 그 친구가 이 버스에 막 오르고 있다. 환승 지점에서 말이다. 또 이런 우연이 여행에서 생긴다. 그 친구는 프라하로 가는데 환승 지점까지 타고 가는 길이었다. 나는 반가움을 표시하고 서로 흐뭇한 미소를 나눴다. 참 재미있는 여행이요, 만남의 기쁨이 크다. 어제 숙소에서 만난 스물넷, 스물다섯 예비역들과도 잠시 이야기를 나눴다. 방학을 맞이해서 여행을 온 사람들끼리 이런 저런 이야기를 하다 보니 시간 가는 줄 모르고 이야기를 나눴다.

새벽 1시가 다 돼서 잠자리에 들었다. 그들 역시 각자의 자리에서 성장하고 목표하는 것을 이뤄가길 진심으로 기원해 줬다. 여행에서 사람을 만나는 즐거움이 크다. 여행 후에도 다시 이어질 삶에서도, 사람을 만나는 기쁨을 더 느끼고 즐겨야겠다는 다짐을 한다.

4년 전 이탈리아 피렌체에 갔을 때는 패키지 여행이라 두오모 성당에는 오르지 못했다. 영화 「냉정과 열정 사이」의 배경으로도 유명하기 때문에 많은 사람들이 찾는 두오모 성당의 꼭대기를 못 오른 것이 많이 아쉬웠다. 주인공 준세이와 아오이를 만나고 싶었다. 언젠가 다시 가면 꼭 오르고 싶다.

이탈리아 피렌체에서의 아쉬움을 독일의 피렌체에서 달래본다. 나는 성모 교회의 전망대에 오른다. 두오모 성당이 그렇듯 엘리베이터가 없을 줄 알았는데 이곳에는 있다. 나는 한결 가벼워진 마음으로 독일의 피렌체에 오른다. 승강기에서 내려 중앙 돔으로 향한다. 역시 빼어난 풍경을 보기는 쉽지 않나 보다. 한참을 더 올라가서야 멋진 풍경을 마주할 수 있었다. 드레스덴의 시가지가 모두 보인다. 바람이 시원하게 불고 가슴이 시원해지는 느낌이다. 아기자기한 빨간 지붕의 집들, 웅장한 건물들, 유유히 흐르는 엘베강, 파란 하늘 모두가 조화롭다. 괜히 독일의 피렌체라고 불리는 것이 아니라는 생각을 한다. 나는 한참을 감상했다. 드레스덴의 정상에서 불어오는 바람을 느끼며 천천히 나의 두 눈을 아름다운 풍경에 맞췄다.

드레스덴의 화려한 시가지는 강건왕 아우구스트에 의해 건설되었다. 그는 낭비와 사치가 심하고 전형적인 난봉꾼이

왼쪽에 높이 솟은 건물이 96m 높이의 성모 교회다

었다고 한다. 궁전들은 모두 자신의 권력을 과시하기 위해 만들었고 드레스덴에 그의 사치는 집중되었다고 알려져 있다. 집착과 같은 아우구스트의 애정과 사치가 결과적으로 관광객들의 발걸음을 이끈다. 잠시 그 당시의 배경을 상상하며 눈을 감는다. 마치 그때 살았던 사람들이 주위에 있는 것 같다. 강건왕을 위해 많은 인력들이 동원되었을 것이고 그 속에서 사람들은 그들의 방식대로 삶을 이어갔을 것이다. 시간은 다르지만 같은 공간에 있다는 것이 신기하다. 나는 다시 눈을 떠서 독일의 피렌체 드레스덴을 바라본다. 여전히 눈이 부시다.

낮보다 밤이 더 눈부시다는 드레스덴, 야경이 기대된다. 드레스덴에서 썸머 타임의 늦은 밤을 기다려 본다.

18

이름처럼 예쁜 도시, 드레스덴

고마워, 드레스덴!

드레스덴Dresden이라는 도시 이름이 참 예쁘다.

한국에서 드레스라고 하면 웨딩드레스를 떠올리거나 고급스러운 파티에 참석할 때 입는 우아한 드레스가 떠올라서일까. 드레스덴이라는 이름은 아름다우면서도 귀한 느낌을 준다. 독일에서의 일정에 선물처럼 추가된 드레스덴은 나에게 소중한 선물을 해줬다. 첫날 도착했을 때의 고요한 밤의 모습이 있었고, 화창한 날씨의 둘째 날은 전날 밤과 다르게 독일의 피렌체가 여기라고 소리쳤던 것 같다.

드레스덴은 체코와 가깝다. 그래서 체코 프라하 여행객들이 프라하에 갈 때 경유해서 관광하거나 프라하에서 잠시 넘어와서 머물다 간다. 낮의 드레스덴에는 많은 관광객으로 붐빈다. 바로크 양식을 자랑하는 궁전들, 2차 세계대전 후에도 아름답게 복원된 건축물을 감상하기 위해 사람들이 모여든다. 강건왕 아우구스트의 드레스덴에 대한 애정 덕분에 오늘날 이렇게 감탄사를 연발할 수 있다. 광장에서 드레스덴의 아름다운 건축물을 사방에 두고 한 바퀴 돌 때는 숨이 멎을 것만 같다. 눈에 들어오는 건축물들의 웅장함과 세련된 분위기가 굉장히 매력적이다.

드레스덴에 도착해서 유스호스텔에 짐을 풀었다. 이번 여행에서 나는 여행 루트만 짜고 세세한 계획은 세우지 않으며 이동하고 있다. 드레스덴에서 역시 도착해서 그냥 지도에 나와 있는 유스호스텔을 찾았다. 나이가 유스Youth가 아니라서 숙박 요금이 더 비쌌다. 하지만 마음만은 유스니까 유스호스텔에 묵는 것을 감사하게 여긴다. 대형 버스가 여러 대 보인다. 그리고 진짜 유스들이 많이 보인다. 고등학생으로 보이는 친구들이 몰려다닌다. 내가 유스가 된 듯한 느낌이다. 나는 2인실 키를 받아 들고 방으로 발걸음을 옮겼다. 2인실이고 아직 나뿐이니 1인실이나 다름없다. 6인실, 8인실, 12인실 도미토리 호스텔을 지나와서인지 괜히 더 좋았다.

유스호스텔로 가는 길을 잘못 찾아 알게 되었다. 드레스덴의 중심지가 여기에서 멀지 않음을. 나는 개인정비를 마치고 숙소를 나선다. 어둑어둑해진 드레스덴을 슬쩍 돌아보고 저녁 식사를 할 장소를 찾았다. 찍어 두었던 메뉴가 있었지만 웨이터가 추천한 오늘의 요리를 주문했다. 돼지고기가 들어 있는 요리였는데 정말 맛있었다. 신선한 흑맥주도 주문해서 맛봤다. 독일에 와서 흑맥주는 처음이다. 흑맥주 특유의 씁쓸한 맛이 신선하게 느껴졌다. 너무 쓰지 않았고 달콤했다. 몸이 스르르 녹는 것 같다.

드레스덴의 정적인 야경

밤이 찾아왔다. 나는 숙소로 돌아가는 길에 야경을 감상하며 드레스덴을 산책했다. 아무런 정보 없이 그냥 걸었다. 시원한 바람이 함께 따라오며 산뜻한 기분이 든다. 야경을 친구 삼아 편안하게 앉으라고 소리치는 벤치가 포근해 보인다. 벤치 옆의 가로등의 불빛은 온화하다.

드레스덴에서의 둘째 날, 드레스덴의 거리를 감상한다. 츠빙어 궁전은 1722년 강건왕 아우구스트 왕이 행사를 열고 축제장으로 만든 장소이다. 모습이 궁전 같아서 츠빙어 궁전으로 불린다고 한다. 궁전 안에는 사람들에게 무료 개방된다. 분수대 옆에서 담소를 나누는 사람들이 많았다. 나도 궁전을 느긋하게 한 바퀴 돌고 젬퍼 오페라 극장 앞에 선다. 독일의 유명한 건축가 고트프리트 젬퍼가 만든 극장이다. 극장 앞 광장에는 관광객이 많다. 극장치고는 정말 화려한 건축물 앞에서 나도 드레스덴을 돌아본다. 이 광장에서 한 바퀴 돌 때 드레스덴은 내 눈에서 빛난다.

레지덴츠 궁전으로 향한다. 레지덴츠 궁전에 가면 아우구스트 왕이 얼마나 화려하게 살았는지를 간접적으로 볼 수 있다. 내부 건축과 모든 집기류가 모두 보석에 가깝다. 사진 촬영이 되지 않아 눈으로만 둘러봤는데 그 호화로움이 굉장하다. 녹색방이라고 불리는 곳에 들어가려면 입장료를 별도로

레지덴츠 궁전 외경

내야 하는데 나는 녹색방을 뺀 나머지 방만 봐도 내 눈이 부유하게 반짝이는 듯했다. 외부 건축물만 몇 컷 찍어본다.

독일의 피렌체, 드레스덴을 한눈에 볼 수 있는 성모 성당에 올라갔다 온 후 '군주의 행렬'을 보러 간다. 레지덴츠 궁전의 담장에 있는 멋진 이 배경은 벽화다. 1876년 베틴 왕가의 역대 군주 35명과 과학자 등 주요 인물 59명이 연대기 식으로 그려져 있다. 이 벽화는 마이센 도자기 회사가 2만 4,000개 이상의 타일을 만들어 모자이크로 만들었다고 한다. 벽화 길이만 101m이다. 벽화를 따라 걸으며 나도 행렬에 함께한다.

드레스덴의 명물 '군주의 행렬'

드레스덴의 예쁜 건축물들을 감상하며 엘베강을 건넌다.
아우구스트 다리를 건너면 사진 찍기 좋은 곳이 있다고 이곳
에 신혼여행을 왔던 친구가 알려줬다. 친구가 알려주지 않았
으면 그냥 지나칠 뻔했다. 나는 그곳에 서서 사진을 찍었다.
그림 같은 사진이다.

아우구스트 다리 건너편의 그림 같은 풍경

강변의 큰 나무 옆에 앉아 강가를 바라본다. 좋다. 여유를 느끼며 음악도 듣고 동화같이 예쁜 드레스덴을 강 건너에서 바라본다. 데이트를 나온 연인, 일광욕을 즐기는 사람, 자전거를 타는 사람들 모두 기분이 좋아 보인다. 중앙거리를 지나 기분 좋은 산책을 마치고 나는 숙소에 가서 휴식 시간을 또 가졌다. 어제 살짝 본 드레스덴의 야경을 그냥 두고 갈 수 없기 때문이다. 마지막 밤이니 야경을 꼭 봐야겠다. 아름다운 드레스덴 밤의 한가운데로 간다.

다시 젬퍼 오페라 극장 앞 광장에서 한 바퀴 돌아본다. 영상으로 그 모습을 기록하고 나는 브륄의 테라스로 간다. 이곳은 성벽 위의 공간이 자연스럽게 테라스가 된 공간이라고 한

젬퍼 오페라 극장 앞 광장에서 바라본 야경

안녕, 드레스덴

다. 테라스 위에 가면 옛 건축물들과 엘베 강이 정말 아름답
다. 괴테가 이곳을 거닐며 '유럽의 테라스'라고 극찬했다고 한
다. 나는 천천히 야경을 감상한다.

　드레스덴은 이름처럼 예쁜 도시다. 낮에 올라가서 본 드레
스덴의 전경도 아름다웠고, 밤이 되자 자신의 모습을 더욱 빛
냈다. 독일의 피렌체는 사실 밤이 훨씬 더 아름다웠다. 선물을
받은 기분으로 드레스덴의 아름다움 모습을 기억에 담는다.

19

삶을 즐기는 그대를 통해 배우다

여행에서 만난 소소함

드레스덴에서는 두 명의 친구를 만났다. 치나라는 친구
는 정말 삶을 즐기는 친구였다. 드레스덴에서 쏟아진 소나기
가 지나가고 나는 아우구스트 다리를 건너고 있었다. 강을 건
너기 전에서 시원한 강변을 걷다가 귀에 이어폰을 꽂은 채 흥
겹게 몸을 흔드는 친구를 봤다. 그 친구는 혼자였는데 인도인
처럼 보였다. 음악에 취해, 비온 뒤 시원함에 취해 무척 행복
해 보였다. 그의 한 손에는 맥주병이 들려 있었다. 언뜻 보면
술에 취한 것처럼 보이기도 했는데 다시 보면 꼭 그렇지만도

않았다. 나는 그 친구에게 눈을 마주치며 엄지를 치켜 올려줬다. 그 친구는 맥주병을 들며 고개를 끄덕였다. 나는 무언의 'Cheers' 화답을 듣고 다리 위를 걸었다.

다리 중간에 서서 잠시 풍경을 감상한다. 소나기가 지나간 뒤라 시원한 바람이 불어 기분이 좋다. 고개를 오른쪽으로 돌리니 그 친구가 내 옆에 있다. 나는 피하지 않았다. 사실 술에 취한 듯 보여 피할 수도 있는 상황이었다. 나는 말을 건넸다. 음악을 좋아하냐고 묻자 그는 자신의 이어폰 한쪽을 내 귀에 꽂았다. 아주 흥겨운 음악이 흘러나왔다. 잠시 후 그는 방랑객처럼 떠났다.

다리 오른쪽으로 걸어가는 치나의 모습

다시 걷다가 추적추적 내리는 비를 피해서 한 건물 지붕 밑에 섰다. 멀리서 그가 걸어온다. 여전히 흥겨운 음악에 취해 몸을 흔들지만 조금씩 거세지는 빗줄기에 그 역시 이쪽으로 온다. 나는 그에게 몇 마디 더 건넸다.

그는 팔뚝에 'CHINA'라고 새긴 타투를 가리키며 자신의 이름을 '치나'라고 했다. 차이나가 아닌 치나라고 강조했다. 그는 인도에서 왔고 여기에서 아르바이트를 하고 있다고 말했다. 잠깐 나눈 대화에서 그의 삶의 고뇌가 느껴졌다. 하지만 맥주 한 병에 그리고 흥겨운 음악에 삶을 진정으로 즐기는 모습이 그의 고뇌를 행복으로 승화시키는 것처럼 느껴졌다.

내가 인도영화 'Three Idiots세 얼간이'를 두 번이나 봤다고 하니 치나가 한참을 웃는다. 인도에서 인기가 굉장했던 그 영화가 생각난 모양이다. 이야기를 주고받다가 다시 나는 나의 갈 길을 갔다. 멀어지는 치나가 다시 엄지손가락을 치켜 올린다. 나는 마지막으로 화답했다. 그리고 감사했다. 진정으로 삶을 즐기는 그대를 통해 배운 것을. 방랑객처럼 떠나고 멀어지는 그를 보며 나는 배운다. 삶을 즐기는 그대 모습으로부터 있는 그대로의 삶을 즐기겠노라고. 마침 나의 이어폰에는 내가 좋아하는 'Mads Langer'의 노래가 흘러나왔다. 기분이 좋았다.

다른 한 명의 친구는 유스호스텔에서 만났다. 둘째 날 아침에 나는 늦잠을 자고 있었다. 문을 두드리는 소리를 들었는데 꿈인지 현실인지 구분이 가지 않았다. 다시 들리는 문 두드리는 소리에 잠이 깨고 나는 문을 열었다. 50대 중반의 한 남자가 투덜대며 방 안으로 들어왔다.

"여기는 혼자 쓰는 방이 아니다."

"당신은 이 방을 언제 예약했나?"

나는 어제부터 머물고 있다고 살짝 움츠리며 대답했다. 그는 "Fuck."이라고 혼잣말을 했다. 무언가 잘못돼서 심기가 불편한 것 같았다. 잠시 진정이 되는 듯해서 나는 내 소개를 하고 그의 이름을 물었다. 그의 이름은 마리오Mario이고 아르헨티나 국적인데 이탈리아에서 일한다고 했다. 출장으로 이곳에 왔는데 몸이 좋지 않아 머무르게 됐다고 그는 말했다. 그런데 숙소에서 처리를 원활하게 해주지 않아 화가 났다고 했다. 다시 마음이 가라앉은 그는 이야기를 이어 갔다. 나는 천천히 들어주었다. 그는 모토로라에서 일을 했었고 지금은 마이크로소프트에서 일한다고 했다. 그런데 이번 출장을 마지막으로 그는 일을 그만둘 것이라고 말했다. 그는 나에게 말했다. 좋은 회사에서 돈을 많이 번다고 좋은 게 아니라고 했다. 그는 지쳐 보였다. 나는 고개를 끄덕이며 계속 들었다.

그는 자신의 전 부인 이야기를 잠시 꺼내며 아까 들었던 욕설을 섞었다. 그러나 다시 자신의 딸 이야기를 하며 표정이 밝아졌다. 그는 열심히 돈을 벌었는데 전 부인과 관계가 좋지 않아 후회스럽다고 했다. 하지만 분명한 것은 아이들은 정말 인생의 큰 축복이라고 말했다. 딸 이야기를 하며 표정이 밝아지는 그의 모습이 정겹다. 그의 딸은 결혼해서 곧 아기를 낳을 것이라고 했다. 그는 곧 할아버지가 된다며 기뻐했다. 그의 나이는 54세였지만 나와 친구처럼 대화했다.

그는 일을 그만두고 이탈리아의 북쪽 마을에 가서 유기농 작물 재배를 하며 살고 싶다고 말했다. 머릿속으로 그 그림을 그리며 그는 흐뭇해했다. 조금 더 구체적으로 물으려다가 나는 그만뒀다. 그의 모습이 행복해 보였기 때문이다. 나는 가만히 미소 지어주었다.

드레스덴을 떠나는 날 마리오에게 작별인사를 하며 나는 마리오에게 당부했다. 병원에 가서 진료를 받아보라고 했다. 사실 그의 증상은 기흉으로 보였다. 숨 쉬는 일이 다소 힘들어 보였고 말하는 증상이 기흉의 증상이었다. 그의 건강을 진심으로 기원하며 나는 그에게 인사했다. 그는 침대에서 몸을 일으켜 세우며 나에게 악수를 청했다.

드레스덴에서 만난 두 명의 친구 덕분에 나는 또 인생을 배운다. 그들도 각자의 방식대로 각자의 삶을 즐긴다. 있는 그대로 삶을 바라보고, 그 안에서 자신만의 기쁨을 누린다. 그리고 그 기쁨을 누군가와 나누면 커진다. 내가 이렇게 그 나눔을 받고 지금 기쁘게 글을 쓰고 있는 것처럼. 여행을 계속 이어가야겠다. 여행에서 삶을 느끼며 또 인생을 배우며….

20

독일에서 100년 된 카페의 커피 맛

프랑크푸르트 Waker's kaffee

100년이 넘은 카페가 프랑크푸르트에 있고 내가 올라가 보지 못한 마인 타워에 꼭 올라가 봐야 한다는 중요한 정보를 입수했다. 여행 일정을 맞추기 위해 다시 찾은 프랑크푸르트에 새로운 목적지가 생긴 덕분에 마음이 설렌다.

금융맨들이 많은 프랑크푸르트의 출근길에는 높은 빌딩 사이를 지나는 멋진 신사들이 많이 보인다. 출근하는 사람들의 발걸음이 경쾌하다. 고대하던 그 카페 앞에 선다. 'Waker's kaffee'라는 작은 가게이다. 간판에는 1914라는 숫자가 있었는데 1914년에 문을 열었다는 뜻이다. 100년이 넘은 카페

원두의 종류가 매우 다양하다. 구입하는 사람도 많다

의 커피 맛은 어떨까. 기대감에 나의 미각은 설렌다.

나는 Kaffee와 Capuccino를 주문하고 크루아상도 함께 계산했다. 커피가 나오는 사이 주인의 동의를 구하고 사진을 찍었다. 카페에는 다양한 종류의 원두와 커피로 만든 초콜릿이 가득했다.

주문한 커피와 빵을 받아 들고 자리에 앉아 커피 맛을 본다. 내가 한국에서 작은 동네 카페를 운영하고 있어서 그런지 커피 맛에 더 기대가 컸다.

커피 맛은 끝내줬다. Kaffee는 물의 양이 적은데도 쓴맛이 거의 느껴지지 않으면서도 진하고 깊은 맛이 느껴졌다. 그렇다고 산미가 있는 것도 아니었다.

굉장히 조화로운 맛이었는데 가볍지 않으면서도 바디감이 깊이 묻어나면서도 쓰지 않은 맛이었다. 오히려 달지 않은데 달콤한 느낌마저 들었다. 카푸치노는 부드러웠다. 크루아상과 함께 먹으니 빵과 함께 녹는 듯했다. 촉촉한 크루아상은 빵 위의 분당과 함께 구워진 아몬드가 고소한 맛을 은은하게 더해줬다.

카페 내부의 메뉴판

커피 맛을 음미하느라 잠시 정신을 차리지 못했다가 고개를 들어 카페를 둘러본다. 작은 카페는 손님들이 줄을 선다.

아침 일찍 간 덕분에 바Bar 안이 직접 보이는 곳에 앉았다. 좁은 바 안에서 두 명이 환상의 콤비를 이룬다. 계속해서 들리는 소리 "당케 쉔." 주인은 감사의 말을 잊지 않는다. 커피 머신은 2그룹짜리로 크지 않은데 손님이 많아 원두를 미리 갈아놓고 주문이 들어오면 즉시 템핑을 해서 에스프레소를 추출한다.

계속 오는 손님들을 위해 나는 커피를 마신 후 자리에서 일어났다. 커피가 들어 있는 초콜릿을 하나 구입한 후 카페 밖으로 나가기 전 다시 한번 코로 깊은 숨을 들이켠다. 카페 안에 퍼져 있는 커피 향이 정말 좋다. 아쉬운 마음에 카페 밖에서 카페를 한참 바라봤다. 잠깐 보는 것보다 오래 보면 보이는 것들이 있다. 그래서 나는 어떤 것을 볼 때 조금 떨어져서 한참 바라보길 좋아한다. 그러면 재미있게도 새로운 것들

카페 밖 풍경. 1914년에 만들어진 Waker's kaffee

이 보인다. 여행에서는 이게 더 재미있다. 카페 밖 풍경은 새로운 것을 보여줬다.

카페 안에서 커피를 받아서 밖으로 나오는 사람들의 표정은 한결같이 행복해 보였다. 어떤 이는 밖에도 자리가 없어 커피 잔을 들고 건너편에서 서서 커피를 마시기도 했다. 그러나 그 풍경이 너무나도 자연스럽다.

커피 한 잔, 아니 두 잔의 여유와 카페 분위기에 취해 그리고 그 덕분에 여행의 피로가 가시는 기분이다. 100년을 넘게 이어온 커피 맛을 맛보게 돼서 영광이다. 그 맛을 오래 기억하고 싶다. 앞으로 갈 나라인 오스트리아 빈에는 300년 전통의 카페가 있다고 한다. 그 맛은 또 어떨지 기대된다.

21

유럽의 숲에 가다
독일과 스위스의 숲

여행 중 일주일간 유럽 숲 교육 연수에 참가한다. 독일의 숲 유치원과 자연학교를 방문해서 교육을 체험한다. 덕분에 유럽의 숲에 가볼 수 있게 되었다. 또한 연수프로그램의 스태 프로 참가하며 연수도 받는 값진 기회에 감사한 마음이 깊숙 이 들어온다. 교육 프로그램을 글로 소개하는 것은 안 되지만 그 과정에서 내가 본 자연과 느낀 점을 글로 남기는 것은 가 능하다. 연수이지만 여행으로 이어가 본다.

나는 독일 슈투트가르트와 프라이부르크의 숲 유치원과 자연학교, 스위스의 자연학교를 방문했다. 첫째 날은 슈투트

여행에서의 반갑고 소중한 만남

가르트의 작은 시골마을의 오래된 호텔에서 묵었다. 산장같이 생긴 호텔이 마음을 편안하게 해주었다. 아침에 일어나 마시는 신선한 공기가 나를 맞이한다.

슈투트가르트의 아름다운 환경과 자연학교에서

슈투트가르트 자연학교에서 자연학교 설립자 미하엘 교수의 이야기를 들었다. 그의 이야기는 정말 인상적이었다. 칸트와 페스탈로치 이야기로 시작한 철학적 바탕이 교육의 근간을 이루었고 이를 뛰어넘어 자신만의 철학으로 자연교육을 하고 있는 멋진 교육자였다. 그의 열정에 감동했고 그가 왜 이러한 열정을 보이는지도 설명해줘서 감동적이었다. 그는 진정으로 현재와 미래를 살아갈 아이들을 위해, 다음 세대를 위해, 나아가 자연과 지구를 위해 교육에 임하고 있었다. 그의 이야기를 통해 관점이 아주 큰 영역으로 확장되는 경험을 했다.

태풍에 쓰러진 나무를 교육을 위해 남겨 두었다

   프라이부르크와 스위스 자연학교를 방문하며 유럽에서는 자연을 통해 아이들을 어떻게 교육하는지 배웠다. 나는 내 인생에 있어서 이번 연수가 아주 큰 영향을 미치고 있음을 알아챘다. 사실 나는 아직 아이를 낳지 않아서 잘 모르는 부분이지만 간접적으로 알고 있는 부분으로 볼 때 아주 큰 차이가 있음을 알았다. 물론 내가 부모가 되어 아이를 키우며 교육시킬 때 또 다르겠지만, 분명 이번 연수가 긍정적 관점으로의 변화를 이끌었다고 회상할 것이다.

   프라이부르크에서는 '흑림'이라고 하는 숲에 갔는데 이름부터 이상적이었다. 독일어 뜻으로 'Schwarzwald'라고 하는데 뜻은 '검은 숲'이다. 전체 면적이 6,009제곱킬로미터에 달하는 산맥이다. 나무가 울창해서 숲에 들어가면 하늘이 보이지 않는다고 해서 '검은 숲'이라는 이름이 붙여졌다고 한다. 거대한 나무에서 뿜어져 나오는 맑은 공기를 듬뿍 마시니 온몸이 새롭게 충전되는 느낌이 들었다.

숲 유치원과 자연학교의 선생님들과 함께 프로그램에 직접 참여해보며 자연에서의 교육을 체험한다. 자연에 가서 좋았고 새로운 관점에서 교육 방식을 체험할 수 있어 감사했다. 나는 한 달에 한 번은 반드시 자연에 가는 날로 정하고 자연에 가는데, 일주일간 유럽의 자연을 방문하는 일은 정말 기쁜 일이다. 독일의 교육 방식의 큰 그림을 전문가를 통해서 들었고 숲 유치원을 만들고 20여 년 이상 숲 유치원에서 교육을 해 온 선생님들의 생생한 이야기를 들을 수 있어 기뻤다. 독일의 숲 유치원은 시작된 지 20년 이상 되었는데 처음에는 흔치 않았지만 이제는 매우 보편화되어 일반적이 되었다고 한다. 숲 유치원과 자연학교에서는 자연에서, 자연을 통해 많은 것을 교육한다. 사실 교육이라고 하지만 내가 체험한 대부분의 교육은 '놀이'였다. 아이들이 정말 흥미를 갖고 자율적으로 체험하며 배울 수 있는 과정들이었다.

독일의 숲에 가며 든 생각은 우리나라의 숲 환경은 사실 더 환상적이라는 점이다. 우리나라 자연휴양림은 정말 끝내

독일의 아름다운 자연

준다. 나는 한국에 돌아가서 자연에서 할 수 있는 것을 더 고
민해 볼 생각이다. 자연에 가는 것만으로도 힐링이고 휴식이
되지만 그곳에서 할 수 있는 것들이 더 많이 보였다. 유럽의
숲 교육 프로그램을 체험하며 나름의 소감을 적어본다.

　　이번 여행에서 또 하나의 새로운 눈을 얻었다. 값진 경험
을 이어간다. 이번에 느낀 많은 것들이 있는데 가장 큰 한 가
지를 꼽으라면 '기다림'이다. 아이들은 충분히 스스로 할 수
있고 또 그러길 원한다. 어른들이 섣불리 개입하면 아이는 멈
춘다. 어른들의 방향으로 아이가 가게 된다. 숲 유치원과 자
연학교 선생님들은 하나같이 이 부분을 강조했다. 인간이라
는 존재는 아이건 어른이건 무한한 가능성을 가진 존재라는
사실에 나는 다시 집중한다. 내가 그래 왔던 건 없는지, 어른
으로서 그래 왔던 건 없는지 돌아본다. '기다림'이라는 선물을

받아서 여행을 계속 이어가 본다.

숲 속으로 피크닉, 자연 속에서 맛보는 음식은 무엇이든 맛있다!

22

프라이부르크의 수로
독일 서남쪽 작은 도시, 프라이부르크

프라이부르크에 도착한 토요일이다. 오전에 숲 교육을 받고 오후에는 시내 관광 시간이 주어졌다. 프라이부르크 시내를 돌아볼 시간이 생겼다. 프라이부르크 대학에서 대학원까지 교육학을 공부했던 과장님께서 안내를 해주셨다. 프라이부르크에 오래 계셔서 그런지 가이드보다 더 안내를 잘 해주셨다. 그중 인상적인 것이 있었는데 바로 프라이부르크의 수로이다. 시내 어딜 가도 흐르는 수로가 있다. 도로의 양 끝에는 서로 반대 방향으로 흐르는 수로를 볼 수 있다.

이 수로는 '배클레'라고 하는데 13세기경 목조 건물이 대

여행에서의 반갑고 소중한 만남

프라이부르크의 매력인 수로

부분이었던 환경에서 화재의 조기 진압을 위해 만든 것이라고 한다. 현재는 소방용수로 사용하지는 않지만 도심의 기온을 낮추는 효과로 탄소 에너지 배출을 줄여준다고 한다. 이를 벤치마킹하기 위해 세계의 다른 여러 도시들에서 프라이부르크를 방문한다는 사실도 놀랍다.

이 수로에서 아이들이 배를 갖고 놀기도 하고, 지나가던 사람이 손을 씻기도 한다. 수로를 보고 있는 사람은 보는 것만으로도 시원한 기분이 든다. 도시를 더 시원하고 분위기 있게 만든다. 이 수로와 관련된 전설이 있는데 외지인이 베클레에 빠지면 프라이부르크 시민과 결혼한다는 것이다. 물론 일부러 빠지면 안 되고 우연하게 빠져야 한다. 함께 연수를 진행한 과장님은 우연하게 수로에 빠졌다고 한다. 우연인지 모르겠지만 과장님은 독일인 남성과 결혼을 하셨다.

도시의 이곳저곳을 둘러본다. 예쁜 건물 사진도 찍고 거리의 모습도 카메라에 담는다. 프라이부르크는 대학 도시이다. 도시의 곳곳 건물들이 대학 수업을 진행하는 건물로 이루어져 있다.

나는 이번 여행에서 그리고 여행 안 연수에서 독일의 교육 방식을 간접 체험하고 있다. 나는 몇 가지 궁금한 점들을 과장님께 여쭤봤다. 질문 몇 개를 하고 듣자니 우리나라의 교육방식과는 굉장한 차이가 있다. 우선 대학에서는 상대평가를 하지 않는다고 했다. 그 학생이 얼마나 열심히 했고 학업성취도가 향상되었는지 평가한다고 한다. 이에 대한 보완책으로 한 과목이라도 F학점이 두 학기 연속으로 나오면 학교를 그만둬야 한단다. 그래서 독일 학생들은 단기간에 점수를 얻기 위해 공부하지 않는다고 한다. 진정으로 자신이 하고 싶은 공부를 자신을 위해 한다는 말이다. 그리고 열심히 한단다. 또한 기업에서는 당연히 학점뿐만이 아니라 지원자의 다양한 역량을 평가하고 자신의 능력을 펼칠 수 있도록 할 것이다. 유치원 교육부터 대학 교육까지 독일에서 참 많은 점을 느끼고 배운다. 대성당 쪽으로 가는 길에 거리 공연을 한다. 주말이라 현지인도 많고 관광객도 꽤 많다. 결혼식을 올리는 남녀도 보인다. 프라이부르크 대성당 앞에 선다. 1200년부터

청사 건물. 주말에는 여기에서 결혼하는 커플이 많다

300년 넘는 긴 공사 끝에 완공되었다. 지금은 보수 공사 중이었다.

저녁에 잠시 나와서 해질녘의 프라이부르크 풍경을 감상한다. 천천히 산책을 하고 숙소로 들어갔다. 함께 연수에 참

아이를 태운 아빠가 흥겹게 몸을 흔든다

가한 한국의 유치원 원장님들께서 잘 챙겨주신다. 덕분에 그리웠던 한국 음식도 잔뜩 먹었다. 삶의 지혜와 연륜의 노련함을 전해주시는 어른들로부터 많이 배운다. 연수 기간 내내 이런저런 이야기를 들으며 배우는 것들이 많아서 좋다. 여행 중 이런 행운이 있다니! 감사, 감사, 또 감사한다.

프라이부르크 대성당

23

안녕?! 프라하!
프라하에 입성하다

다시 프랑크푸르트를 떠난다. 드디어 유레일패스를 개시한다. 나는 한 달간 유레일을 이용할 수 있는 글로벌 패스를 구입해 왔다. 독일에서의 3주간 여행을 마치고 이제 남은 한 달간 동유럽 국가들을 여행한다. 프랑크푸르트 중앙역에서 유레일패스를 개시하고 체코 프라하로 가기 위해 독일 뉘른베르크까지는 기차를 타고 다시 버스로 갈아탄다.

원래 계획은 어제 프라하로 떠나는 것이었는데 일주일간의 유럽 연수 스텝 활동의 피로가 가시지 않아서 하루 더 휴식 시간을 가졌다. 연수 내용을 정리하는 일도 마쳐야 해서 하루 더 시간을 냈다. 덕분에 어제 연수 내용 정리를 마치고 오늘 가벼운 마음으로 여행을 이어 간다. 쉬길 잘했다. 일을 마무리해야 여행을 이어갈 수 있다고 생각했는데 사실 그렇다. 한결 가벼워진 내 마음이 말해준다. 다시 충전된 기분으로 여행을 이어간다.

뉘른베르크에서 프라하로 가는 버스로 갈아탔다. 기차 도착시간과 버스 출발시간 사이에 10분 밖에 없다. 여유가 없어 버스 타는 곳을 빨리 찾아야 했는데 다행히 중앙역 바로 앞에 버스가 보인다. 버스를 확인하고 배낭을 버스에 싣는다. 2층 버스의 2층에 오르니 한국인이 많다. 10명은 한국인 듯하다. 프라하에 가면 한국 사람이 더 많다는 말이 벌써 실감난다. 한 친구는 프라하에서 10미터마다 한국 사람을 마주친다고 내게 말했다. 프라하에 3일 정도 머물 예정인데 한인민박을 예약했다. 이미 한국 여행객이 많은 도시에서 한국 사람들을 만나고 이야기도 나눠볼 생각에서다. 어제 숙소에서 검색한 한인민박에 자리가 있다고 해서 곧장 예약했다. 한인민박의 장점은 하루에 한 끼 또는 두 끼 한식을 먹을 수 있다는 점이다. 식사를 포함한 숙박 요금이 일반 호스텔과 비교하면 그리 비싸지는 않은 편이다.

일주일간 독일에서 운전을 하다 버스에 오르니 운전했던

여행에서의 반갑고 소중한 만남

생각이 난다. 처음에는 떨렸지만 점점 익숙해지며 적응해나 갔던 경험이 인생의 다른 경험들과 다르지 않다. 처음의 떨림을 설렘으로 추억하고 나중에의 익숙함은 풍요로움으로 간직하면 인생이 더 즐겁지 않을까. 약 6주간의 동유럽 여행에서 거의 절반에 가까운 기간을 한 나라에서 보낸 덕분에 새로운 나라로 향하는 마음이 매우 설렌다. 독일에서 오래 있었던 덕분에 나는 여행의 기술을 정비했고 여행의 마음가짐을 늘 새롭게 할 수 있었다. 이제 남은 여행에서, 다른 나라에서는 조금 더 조심해야겠다. 안전하고 건강하게 그리고 즐겁게 여행하는 자세를 나는 계속 실천한다.

프라하로 향하는 버스에서 눈을 붙였더니 목적지에 도착했다. 프라하라니! 요즈음 관광지로서 프라하의 인기가 높아져서 그런지 괜히 더 마음이 쿵쾅거린다. 숙소의 친절한 한국인 사장님께서 반갑게 맞아주신다. 함께 방을 쓰는 나보다 세살 많은 형님도 기쁘게 맞아주신다. 형님은 휴가로 프라하에만 7박 9일 여행을 왔다고 했다. 이동으로 지친 몸에 잠시 휴식을 주고 밤에 형님과 함께 프라하 밤거리로 나섰다. 프라하에서의 첫 날이기 때문에 워밍업으로 가볍게 밤거리를 걸었다. 은은한 프라하의 야경이 아름답다.

가볍게 프라하의 밤거리를 산책한 후 캔맥주를 사서 구시가 광장 바닥에 앉았다. 여기는 마치 여름밤 유원지의 분위기다. 젊은이들이 모여 앉아 이야기하며 맥주를 마신다. 시간은 벌써 새벽 1시인데 여전히 시끌벅적하다. 숙소에서 먼저 묵었던 한국인 한 명과 함께 세 명이 둘러앉았다. 프라하의 밤하늘을 보며 시원하게 맥주를 목으로 넘겼다.

다음 날 아침, 나는 프라하에게 제대로 인사하기 위해 숙소를 나선다. 먼저 높이 올라가서 프라하를 볼 수 있는 곳을 찾았다. 나는 70m 높이의 구시청사 건물에 오르기로 마음먹었다. 가는 길에 무하 박물관에 들었다. 체코를 대표하는 아르누보풍 화가인 알폰세 무하의 작품을 감상했다. 아르누보 화가로 당대 최고의 명성을 누린 무하의 작품들은 신비로웠다. 박물관에는 연필로 스케치한 작품들도 있었는데 작품마다 신비함이 묻어 있었다.

무하의 작품이 그려진 엽서

다시 구시청사 건물로 향한다. 구시청사 건물은 프라하를 상징하는 건축물이자 구시가 광장의 명물이다. 이 건물에 천문시계가 달려있는데 관광객들이 매 시간마다 펼쳐지는 광경을 보기 위해 몰려든다. 해골 모양의 인형이 종을 치며 시작되는 퍼포먼스인데 마침 정각에 가까워져 잠깐 관람하고 높은 곳으로 발걸음을 옮겼다.

시청사 건물과 시간마다 열리는 퍼포먼스를 구경하는 사람들

계단을 걸어올라 나는 프라하에게 제대로 된 인사를 했다. 안녕?! 프라하. 내 입에서는 "This is Praha!"라는 말이 나왔다. 붉은 지붕들이 많은 프라하의 모습이 낭만적이었다.

24

프라하의 거리 그리고 맥주

아름다운 체코의 수도

프라하의 거리를 둘러본다. 구시청사로 가는 길에 보이는 시민회관은 아르누보풍으로 지어졌다. 1918년 체코슬로바키아 민주공화국이 선포된 역사적인 장소라고 한다. 정문에 반원형의 모자이크화 '프라하의 경배'가 눈에 띈다. 프라하의 거리를 보기 시작한 지 얼마 되지 않았는데 벌써부터 맥주를 마시고 싶다. 체코의 흑맥주인 'Kozel'이 내 머릿속에 가득하다. 나는 시민회관 1층 레스토랑 외부 테라스에 자리를 잡고 샌드위치와 'Kozel' 흑맥주를 주문했다. 흑생맥주의 맛을 본다. 모양새가 꼭 콜라와 흡사하다. 그런데 마시니 목에서 느껴지는

여행에서의 반갑고 소중한 만남

143

청량감이 정말 콜라와 비슷하다. 맥주의 신선함이 느껴지고
약간의 쓸쓸함이 달콤하다.

얀 후스 동상과 틴 성당

　체코에서 가장 존경 받는 위인 얀 후스 동상과 틴 성당이
보인다. 얀 후스[1372~1415]는 15세기 종교개혁가 마틴 루터보다 1
세기나 앞서 종교개혁을 주장한 인물이라고 한다. 이 동상 앞
은 드라마 '프라하의 연인'에서 소원의 벽으로 나왔다고 한다.
틴 성당은 구시가 광장에서 천문시계 다음으로 눈에 띈다. 2
개의 첨탑은 고딕 양식으로 80m의 높이와 함께 프라하를 장
식한다. 광장은 여전히 많은 사람들로 붐빈다.

걷다 보니 나의 식욕을 자극하는 먹거리가 눈앞에 아른거린다. 샌드위치를 먹은 지 얼마 되지도 않았는데 나는 이미 줄을 서고 있었다. 길거리 간식으로 유명한 트레들로 빵이다. 반죽한 밀가루를 봉에 감고 돌려가면서 직접 굽고 여기에 아이스크림이나 생크림을 올려준다. 나는 아이스크림을 넣어 한 손에 들고 먹으며 계속 거리를 걸었다.

블라타강을 향해 계속 걸으면 프라하에서 유명한 다리 카를교가 나온다. 세상에서 가장 아름다운 600살의 다리라고도 불린다. 카를교 입구부터 관광객이 넘쳐난다. 고딕양식의 교탑을 지나 다리에 오른다. 이 다리는 차가 다니지 않는 보행자 전용 다리이다. 총 길이 520m, 폭이 약 10m이다. 다리 위에는 거리의 예술가들이 그림을 그리고 음악을 연주한다. 각자의 재능을 관광객에게 선보이며 프라하를 빛낸다. 다리 건설을 주도한 카를 4세의 이름을 딴 카를교에는 수많은 관광객과 연인들로 붐빈다. 다리 위에서는 멀리 보이는 프라하 성을 감상할 수 있다. 너무나도 멋진 배경으로 사진 찍기에 정말 멋진 장소이다.

카를교를 지나 블라타강 건너편 프라하의 거리를 걸어본다. 먼저 찾은 곳은 '존 레논 벽'이다. 1980~1989년에 프라하의 젊은이들이 반공산주의와 사회비판에 대한 자신들의 생각을 낙서로 표현한 곳이라고 한다. 벽의 한쪽에는 존 레논의 벽화가 있다. 더운 날씨였지만 다시 힘을 내서 프라하 성에 오른다. 성으로 가는 길인 네루도바 거리의 경사가 생각보다 매우 가파르다. 열심히 오른 덕분에 프라하 성 입구에 도착했다. 더위를 좀 식힐 겸 계단에 앉아 거리의 악사의 음악을 듣는다. 천천히 열기가 가라앉는다. 호른과 바이올린을 연주하며 부르는 노래가 듣기 좋다. 천천히 숨을 고르고 드디어 프라하 성에 오른다. 이제 펼쳐질 프라하의 모습은 또 어떤 모습일까.

구시청사 건물에 올라서 본 프라하의 모습과는 또 다른 매력이 뿜어져 나온다. 붉은 지붕들로 이루어진 프라하의 모습이 아름답다. 나와 같이 이 아름다움을 보고 싶어 프라하 성에 오른 관광객들이 많다. 오가며 나누는 미소가 프라하에 번진다.

프라하의 빨간 지붕들이 인상 깊다

성 비투스 대성당

프라하 어디서든 보이는 성 비투스 대성당 앞에 섰다. 그 규모에 내가 압도된다. 무려 600년에 걸쳐 완성된 프라하 성의 상징이라고 한다. 전체 길이가 124m이고 너비가 60m, 첨탑의 높이가 100m나 된다. 신성로마제국의 황제 카를 4세는 카를 다리뿐만 아니라 프라하 성, 성 비투스 대성당을 만들었다. 당대 최고의 독일 건축가 피터 파를러가 설계하도록 해서 오늘날까지 이어지고 있다.

프라하에게 아름다운 감상을 선물 받은 나는 열심히 걸어다닌 덕분에 갈증을 느꼈다. 맥주를 마실 시간이다. 나는 신혼여행으로 프라하를 방문했던 친구 우형이가 추천해 준 레스토랑을 찾았다. 오래된 호텔의 1층 PUB이었는데 자리를 잡고 체코 전통 음식인 콜레뇨와 맥주를 주문했다. 이곳은 양조장으로부터 신선한 'Budweiser' 맥주를 받아 판매한다고 한다. 우리가 알고 있는 'Budweiser' 맥주의 원조가 바로 이 맥주라고 한다. 미국의 'Budweiser'와 상표권 등록과 관련된 분쟁이 있었다. 어쨌든 진짜 맥주를 맛보는 일이 나에는 눈앞에 펼쳐져 있다.

우리나라의 족발과 비슷한 체코식 돼지 무릎 요리, 콜레뇨가 나왔다. 역시 첫 모습이 거대하다. 처음부터 다 못 먹을 것만 같은 느낌이다. 어쩔 수 없다. 나는 혼자 왔다. 혼자 먹어야 한다. 생각보다 짜지 않아서 나는 만족스럽게 맛을 봤다. 그리고 드디어 맛본 'Budweiser'. 아, 이 맛은 정말 표현하기 힘들 정도다. 밀맥주가 아닌 보리 맥주로 이 정도의 부드러움과 풍미를 낸다는 게 믿기지 않았다. 입과 목 안으로 쭉쭉 들이켠 후에 동공이 확장되는 느낌이랄까. 정말 맛있다. 시원하게 들이켜고 흑맥주로 한 잔 더 주문한다. 아, 이것도 맛있다. 낮에 샌드위치에 곁들인 'Kozel' 흑맥주와는 또 다른 맛이다. 사실 이게 더 맛있다. 더 진한 느낌이다. 황홀한 맥주 맛에 반해서 만족스러운 저녁 식사를 마쳤다. 숙소로 돌아오는 프라하의 거리가 여전히 아름답다.

체코에서 먹어본 돼지 무릎 요리, 콜레뇨

25

동화 같은 마을, 체스키크롬로프

프라하 근교 여행

프라하에서의 셋째 날, 나는 그 유명하다는 체스키크롬로프에 간다. 발음이 참 어렵다. 유레일 패스를 갖고 있는 나는 이 패스로 체스키크롬로프에 갈 수 있다. 좌석이 정해져 있는 것은 아니지만 빈자리에 앉고 승무원에게 패스만 보여주면 된다. 나는 한인민박 사장님께서 해주신 맛있는 한식 아침으로 든든하게 배를 채우고 숙소를 나섰다. 중앙역으로 향한다. 플랫폼 찾는 데 약간 애를 먹었지만 기차에 잘 올라탔다. 체스키크롬로프에 가기 위해서는 기차를 한 번 갈아타야 한다. 총 3시간 정도 소요된다. 소풍 가는 기분으로 기차에서 창밖을 바라본다. 아침에 숙소에서 싸주신 과일 몇 개를 입에 넣는다. 정말 소풍 가는 기분이 난다. 무거운 배낭을 잠시 내려놓고 가벼운 몸과 마음으로 근교 여행을 떠난다.

아침에는 날씨가 흐리더니 가는 길에 비가 내린다. 3시간 정도의 거리 차가 있어 그곳에 가면 날씨가 좋길 기대했는데 가는 길부터 비가 쏟아진다. 다시 마음을 바꿔 먹는다. 비가 오는 것도 괜찮다고 말이다. 비가 오면 오는 대로 감상하면 된다.

기차를 갈아타고 드디어 체스키크롬로프에 도착했다. 신기하게도 날씨가 맑아지고 있다. 기차에서 내려 동화의 마을 입구에 들어선다. 감사하게도 날씨가 갠다. 이제는 검은 구름이 아닌 흰 구름과 태양까지 보인다. 이게 웬 행운인가 싶다. 흐뭇한 마음으로 마을 안으로 들어선다. 마음이 흐뭇하면서도 가벼운 것이 나에게는 아무 여행 정보가 없다. 근교 여행이기 때문에 여행 책자 몇 장을 사진으로 찍었는데 알고 보니 다른 곳을 찍은 것이다. 체스키크롬로프에 올 때 기차를 갈아타는 그 곳의 여행 책자를 찍어버렸다. 어쩐지 몇 장 안 되는 게 조금 이상했다. 그런들 어쩌리. 정보가 없어도 그냥 둘러보면 된다. 여행에서 나는 여행 정보를 너무 학습하지 않는다. 그 도시에 도착해서 그 도시를 느껴보고 이동하면서 필요

체스키의 첫 모습, 마을 입구

할 때만 꺼내서 보는 편이다. 체스키^{체스키크룸로프의 애칭}를 느껴 볼 마음으로, 다른 생각을 내려놓고 체스키를 감상한다.

우선 사람들이 많이 오르는 높은 곳을 따라간다. 높은 곳에 오르면 이 아기자기한 마을을 한눈에 내려다볼 수 있을 것 같았다. 오르막길 중간에 아름다운 마을이 눈에 들어온다. 내가 오른 곳은 체스키크룸로프성 쪽이었는데 이 성은 세계 300대 건축물에 들어 있다고 한다. 성에 오르는 관광객도 보이고 마을을 감상하는 사람들도 보인다. 오르막길 꼭대기에는 정원이 있었다. 깔끔하게 정돈된 정원을 한 바퀴 둘러본 후 나는 내려와서 마을로 향했다.

작은 상점들을 천천히 감상하며 마을을 둘러본다. 걷다 보니 어느새 마을의 중앙광장이다. 중세시대의 건물들로 둘러싸여 있다. 파스텔 톤으로 칠해진 모습이 마치 동화 속에 온 듯하다. 작은 공원에서 전망 좋은 곳을 감상한다. 멋진 배경의 사진도 찍고 천천히 체스키를 감상했다. 작은 마을을 감싸며 흐르는 블바타강에는 래프팅을 하는 관광객도 보였다. 비가 내린 직후라서 흙탕물이었지만 래프팅을 즐기는 사람들이 꽤 많았다. 소풍 나온 기분으로 작은 마을을 둘러보며 마음이 더 여유로워졌다. 아담하게 자연과 어우러져 예쁘게 꾸며진 체스키가 고맙다. 비 온 뒤 화창한 날씨를 선물해주고 아름다운 풍경도 선물해줘서 고맙다. 짧지만 여유 있는 소풍과 산책을 즐겼다.

동화처럼 아기자기하고 다채로운 마을, 체스키에 감사를

체스키크롬로프의 모습

전하며 다시 프라하로 향한다. 기차역으로 가는 길에 동화의 나라를 다시 먼발치에서 바라본다. 기차 시간이 여유가 있어 다시 감상하기에 최적의 장소에 앉아 마을을 한참을 더 바라 봤다.

기차역으로 가서 프라하로 가는 기차를 기다린다. 그런데 기차가 안 온다. 40분 정도 연착됐다. 중간에 갈아탈 기차도 놓칠 상황이다. 그래도 숙소로 돌아갈 수 있어서 감사한 마음 으로 기차에 올랐다. 갈아타는 곳에 가까워 오자 내리는 사람 들이 분주하다. 더 기다렸다가 다음 시간대에 있는 기차를 탈 줄 알았는데 연결 기차 연착으로 갈아탈 기차가 기다려줬다. 이렇게 감사할 수가. 덕분에 바로 기차를 갈아타고 계속해서 프라하로 향한다.

기차 안의 풍경은 여행을 실감나게 한다. 미국인 단체 관 광객들과 배낭여행객들로 붐빈다. 어떤 칸에서는 단체로 노 래를 부르고 통로에는 배낭에 앉아 가는 여행객들이 많다. 창 밖에는 넓은 들판이 따뜻한 햇볕에 일광욕을 하며 펼쳐진다. 시원한 바람과 함께 기차는 적당한 소음을 내며 힘차게 달린 다. 기차가 연착돼서 그런지 왠지 더 빠르게 달리는 것 같다.

반려견과 함께 여행하는 사람들도 많은데 다른 여행객들 에게 인기가 좋다. 반려견과 함께 금세 장난을 치며 재미있게 논다. 내가 탄 2등석의 칸에는 6명이 앉아 있다. 중년의 남성 두 명은 계속 창밖을 바라본다. 다른 20대로 보이는 여성 두 명은 책을 읽는다. 나도 괜히 책이 읽고 싶어진다. 여행 중 여행은 이렇게 다양한 풍경을 감상하며 마무리되고 있다.

왕복 6시간인데 그리 길게 느껴지지 않는다. 썸머 타임으로 해가 늦게 져서 더 그렇게 느껴진다. 작은 동화 마을에 가볍게 다녀온 기분이다. 조금 거리가 있다고 생각해서 살짝은 고민했던 당일치기 여행이었는데 다녀오길 잘했다. 프라하에 다녀온 사람들이 하나같이 추천했던 곳이다. 여행 일정을 조정할 수 있기 때문에서 마음 편히 다녀왔다. 독일에서 프라하로 왔다. 그리고 다른 동유럽 나라들로 여행길이 예정되어 있다. 꽤 긴 기간인데 벌써부터 시간이 더 천천히 흘렀으면 좋겠다는 생각이 든다. 여행 참 좋다.

26

프라하의 석양 그리고 야경

프라하의 야경을 그냥 두고 갈 수 없다

프라하에는 3박 4일을 머물 예정이었다. 어제는 프라하에서 3시간 떨어져 있는 작은 마을, 체스키크롬로프에 다녀왔다. 프라하를 더 보고 싶다. 밤에 프라하 거리를 산책하긴 했지만 프라하의 야경을 그냥 두고 가는 기분이 든다. 프라하의 야경을 그냥 두고 갈 수 없다. 나는 프라하에 하루 더 머물기로 결정했다.

하루 더 있다가 가기로 마음먹으니 기분이 더 좋아졌다. 프라하의 야경을 천천히 더 느껴도 된다니 신이 났다. 일찍 숙소를 나서 프라하를 다시 둘러봤다. 천문시계가 있는 구시청사 앞에 가서 매 시간 울리는 싱거운 퍼포먼스를 다시 보고 프라하의 거리를 미소 지으며 걸었다. 아, 그리고 무엇보다 더 기쁜 건 체코의 맥주를 더 마실 수 있다는 것이다. 1인당 맥주 소비량 세계 1위 프라하에서 맥주를 빼 놓으면 안 된다. 사실 내가 느끼기엔 독일보다 맥주가 더 맛있다. 흑맥주도 제대로 맛볼 수 있고 양조장에서 공급된 신선한 맥주를 쉽게 맛볼 수 있다. 물론 독일 맥주도 모두 신선하고 맛있다. 독일 맥주는 특히 밀 맥주인 바이첸 비어가 최고다. 체코에서는 Kozel 흑맥주 그리고 Budweiser 원조의 맛이 최고다.

어제 체스키크롬로프에 다녀와서 저녁에 가려고 했던 레스토랑이 있었다. 혼자 가기가 좀 애매해서 간단히 저녁을 해결했는데 프라하에서의 하루가 더 생겼으니 갈 마음을 먹는다. 가볍게 시내를 한 번 둘러보고 나는 서둘러 그 레스토랑으로 갔다. 우리나라 포털 사이트에도 많이 소개된 이 레스토랑은 관광객도 많고 한국인들도 많았다. 나는 시원한 외부 테라스에 앉아 Kozel 흑맥주와 안주를 주문했다. 다시 흑맥주를 맛보는 기쁨에 미소가 절로 지어졌다. 안주로 주문한 윙이 맛있다. 나는 필스너 우르겔 맥주를 한 잔 더 주문했다. 필스너 우르겔의 원산지 역시 체코다. 체코의 플젠 지방에서 만들어지는 맥주다. 생맥주로 마시니 다른 곳에서 맛보는 것보다 맛있었다. 목에 너무 강한 자극을 주지 않으면서도 톡 쏘는 맛이 일품이다. 정말 시원하고 특히 거품이 오랫동안 살아 있어 부드러움을 오래 간직한다. 절반 이상 마셨는데도 거품이 살아있다. 신선함이 그대로 느껴진다.

필스너 우르겔 맥주와 함께 맛본 음식

오후에 마신 맥주 두 잔에 잠에서 헤어나지 못하고 있다. 숙소에서 쉬었다가 야경을 보러 갈 작정이었다. 몸을 여러 번 뒤척이고 달콤한 멜라토닌에 취해 있다. 프라하에서의 마지막 밤이 다가오고 있다. 일어나야 한다. 창밖을 보니 아직 밝다. 다행이다. 프라하에서의 일몰을 봐야 하기 때문이다. 그런데 시간이 얼마 안 남았다. 일몰 시간은 오후 8시 58분, 현재 시간 8시 23분. 나는 서둘러 옷을 챙겨 입고 성급하게 밖으로 나섰다. 강렬한 햇살이 쉬러 가는 길이라 선선하다. 나는 조금 빠른 발걸음으로 화약탑에 오른다.

아래에서 본 화약탑

화약탑은 1475년에 건설된 높이 65m의 고딕 양식 성문으로 1757년 러시아와의 전쟁 때 화약탑으로 사용되었다고 한다. 현재는 구시가로 들어가는 상징적인 문이다. 프라하에서 해가 지는 방향은 프라하성 쪽이다. 화약탑 위에 오르면 프라하 전경과 프라하성을 일몰과 함께 감상할 수 있다. 화약탑

앞에서 거리의 악사들이 연주를 한다. 비발디의 사계를 경쾌하게 연주한다.

나는 다시 빠른 발걸음으로 화약탑을 오른다. 입구가 맞는지 여러 번 확인했다. 어디가 입구인지 찾기가 어려웠다. 혹시 티켓을 파는 곳이 다른 곳에 있는 건 아닌지 잠시 생각했다. 시간이 없어 그냥 올랐다. 좁은 통로의 계간이 가파르게 이어진다. 나는 헉헉거리면서도 계속 올랐다. 그리고 드디어 고대하던 프라하에서의 석양을 맞이했다.

해는 아직 완전히 지지 않았지만 구름이 그 모습을 가리고 있다. 그래도 좋다. 프라하를 아름다운 색으로 물들이는 모습이 좋다. 나는 천천히 프라하를 감상한다. 화약탑 꼭대기에는 나와 체코인 한 명뿐이었다. 사람들이 붐비지 않아서 더 여유가 있었다. 내 마음도 노을에 물들어 갈 때 즈음 나는 내 귀를 의심했다. 정말 익숙한 멜로디의 연주가 들린다. 내가 가장 좋아하는 캐논 변주곡이 연주되고 있다. 그렇다. 아까 화약탑 입구에서 본 거리의 오케스트라가 연주하는 것이다. 프라하의 아름다운 석양을 보며 내가 가장 좋아하는 곡을 듣는 기회를 선물 받았다. 눈물이 찔끔 날 정도로 감동적인 순간이다.

여행에서의 반갑고 소중한 만남

화약탑에서 바라본 프라하의 석양

붉게 물들어가는 프라하의 일몰은 정말 아름다웠다. 붉은 태양이 빨간 지붕들을 더 곱게 물들이며 저물어 갔다. 멀리 보이는 프라하성은 굳건하게 프라하를 지키는 듯 했고 앞에 보이는 틴 성당의 첨탑도 그 역할을 하겠다는 듯이 높이 솟아 있었다.

이제 프라하성으로 향한다. 프라하성에 올라서 야경을 감상하진 못했기 때문이다. 가는 길에 멋진 건축물과 카를 교에서의 야경도 카메라와 나의 추억에 담는다.

낮에는 힘들었던 오르막길이 힘들지 않다. 가벼운 마음으로 산책하는 기분이다. 아마 프라하에서의 마지막 밤이라 내 마음이 아쉬운 모양이다. 그래서 힘이 나는가 보다.

프라하에서의 둘째 날에 다른 감상 포인트에 올라 야경을 봤었다. 그곳은 카를 교 다음 다리를 건너 높은 공원 같은 곳

멀리 보이는 프라하성과 카를 교

이었는데 젊은 친구들이 정말 많았다. 마치 야외 PUB과 같이
음악이 나왔고 젊은 친구들은 높은 난간에 걸터앉아 이야기
를 나눴다. 친구들과 연인과 야경을 바라보는 모습이 제 각각
빛났다. 그곳에서 바라본 프라하의 야경도 굉장히 멋졌다. 올
라가는 길은 힘들었지만 나도 난간에 걸치고 앉아 프라하의
야경을 한참 동안 감상했었다.

프라하에서 음미한 야경

다시 마주한 프라하성에서 바라본 프라하. 프라하의 야경은 은은하게 아름답다. 화려하지 않으면서도 편안한 기분을 선사한다. 매력적인 프라하가 나를 쉽게 놓아주지 않는다. 천천히 프라하의 야경을 음미한다. 선선한 바람이 내 주위를 감싸는 순간 기분이 좋다. 내 다리가 기분이 좋은 듯 스스로 움직인다.

고요함도 느끼고 편안함도 느낀다. 프라하는 많은 선물을 내게 준다. 하루 더 있겠다고 때를 쓴 아이의 청을 들어주듯 프라하는 내게 많은 선물을 준다. 이제 가도 되겠다.

27

유럽 야간열차를 타고 폴란드로!

밤새 달려준 기차야, 수고했어!

폴란드로 향하는 야간열차를 타기 위해 프라하 중앙역으로 나간다. 안녕! 프라하! 며칠 사이 정들었던 프라하와 작별이다. 언제 또 올지 모르겠지만 언젠가는 또 오겠지. 내가 떠난다고 한바탕 비가 쏟아지더니 아무 일 없었다는 듯 날씨가 또 맑아졌다. 프라하의 마지막 선선한 저녁 공기를 힘껏 마시며 중앙역으로 향한다.

처음 타보는 야간열차라서 살짝 긴장된다. 특히 도난사고를 당하지 않기 위해 배낭을 단단히 싸고 중요한 소지품을 몸에 지녔다. 한편으로는 침대 칸으로 예약한 야간열차에 대해

여행에서의 반갑고 소중한 만남

몹시 기대했다. 옆칸에는 어떤 여행객이 탈까? 잠은 잘 올까? 자잘한 생각들이 지나간다. 폴란드 크라쿠프로 가는 길에 빅터 프랭클 박사의 책『죽음의 수용소에서』를 다시 읽는다. 이번 여행에서 내가 폴란드에 가는 이유는 빅터 프랭클 박사를 만나기 위해서이다. 폴란드 크라쿠프는 아우슈비츠 수용수가 있는 곳이다. 그의 책을 다시 읽으며 그리고 강제수용소에 가서 그가 어떤 상황에서 어떤 생각을 했을지 감히 느껴볼 생각이다. '의미'라는 큰 주제를 나에게 주신 빅터 프랭클 박사님을 곧 만난다.

폴란드 행 야간열차의 플랫폼 번호가 안내판에 뜨자 여행객들이 일제히 움직인다. 나도 그들을 따른다. 플랫폼에는 나를 폴란드로 실어다 줄 열차가 든든하게 서 있다. 승무원에게 호차 번호와 좌석을 확인하고 기차에 올랐다. 내부는 3층 침대칸으로 되어 있는데 내 자리는 상석인 가운데 칸이다. 3층은 올라가기 쉽지 않고 1층은 바닥과 가까워서 상대적으로 덜 쾌적하다. 2층은 눕고 다시 빠져 나오기 쉽다. 그리고 건너편에 있는 1, 2, 3층 누구와도 쉽게 이야기를 나눌 수 있다. 내가 처음 타보는 침대 칸 야간열차에 대해 익숙하게 알고 있는 이유는 그 구조가 함정과 비슷하기 때문이다. 해군 군 복무 시절 함정근무 당시 배 안 침실 구조가 이와 같았다. 오랜만에 그 구조를 보니 추억에 젖는다.

함정근무 당시 나는 이병 그리고 일병이었는데 막내라서 3층을 사용했다. 점호 시간에는 누워서 번호를 대야 했는데 무척 힘들었다. 고단한 몸을 눕히고 당직사관이 올 때까지 버티는 건 쉽지 않은 일이었다. 혀를 꽉 물어 잠을 쫓다가 당직사관이 도착하면 번호를 힘차게 소리쳤던 때가 떠올랐다. 벌써 13년 전인데도 기억이 생생하다.

다른 침대 칸에서 흥겨우면서도 소란한 웃음소리가 들린다. 다들 처음 경험하는 침대 칸 야간열차에 약간은 흥분한 분위기다. 네덜란드에서 온 커플과 다른 외국인 두 명의 친구와 함께 타게 되었는데 네덜란드 남자는 여자친구 침대의 시트를 끙끙대며 깔아주었다.

그리고는 난방을 점검했는데 뜨거운 바람이 나오는지 시원한 바람이 나오는지 내가 봐주었다. 흐뭇한 표정의 네덜란드 남자는 이제 자신이 잠잘 침대를 정리한다. 좁은 공간에서도 잠잘 공간을 손보고 배낭을 한쪽으로 정렬했다. 잠시 후 열차가 덜컹거리며 출발했다. 마치 설국열차라도 탄 듯이 신난다. 열차가 속도를 붙여가며 안정적인 덜컹거림으로 소리를 바꾼다. 야간열차는 낭만도 있어서 연인 또는 친구와 함께 탄다면 더 재미있을 것 같다. 에어컨이 시원치 않지만 밤이라 그렇게 덥지 않다. 나는 침대에 누워 휴대폰으로 글자를 두드린다. 지금 이 글이다. 바로 잠이 올 것 같진 않지만 일어나면 아침 7시 22분에 폴란드에 도착한다. 기차는 8시간 달리고 나는 몇 시간이 될지 모르겠지만 잠을 청해본다. 생각보다 안전해 보이는 침대 칸에서 유럽여행의 한 밤을 보낸다.

드디어 폴란드 크라쿠프에 도착했다. 새벽 4시 반에 경찰의 불시 여권 검사 덕분에 잠시 깬 것 말고는 나름 괜찮은 밤이었다. 개운한 기분으로 크라쿠프 역에 도착했다. 다른 여행객들도 신나는지 기분 좋게 역을 나선다. 첫 야간열차의 경험은 안전했고 재미있는 체험이었다. 숙박비도 아끼면서 이동시간도 절약하는 괜찮은 수단이기도 하다. 안전하게 폴란드로 나를 데려다준 밤새 달린 기차에게 고맙다!

28

폴란드에서 만난 프란치스코 교황

크라쿠프에서의 행운

폴란드의 옛 수도 크라쿠프에 아침 일찍 도착한 덕분에 크라쿠프에서의 첫날은 여유가 많다. 숙소에 짐을 풀고 샤워를 한 후 밖으로 나왔다. 환전을 하기 위해 찾은 근처 백화점 안이 인산인해다. 푸드 코트에는 앉을 자리가 없다. 이 모습은 시작에 불과했다.

광장에 나가니 그 모습이 마치 지구촌 축제와 같다. 수많은 관광객 그룹들이 국기를 들고 광장을 가득 채웠다. 나는 플로리안스카 문을 지나 중앙시장 광장으로 향한다. 플로리안스카 문은 중세시대에 성 안으로 들어가는 문 중 하나이다.

현재는 8개의 문 중 유일하게 남아있다.

성문을 지나 늘어선 레스토랑과 카페를 지나 중앙시장 광장과 마주한다. 이 광장은 남아 있는 중세의 광장 중 가장 넓은 곳이라고 하는데 실제로 보니 그 넓이가 한 눈에 안 들어온다. 그만큼 넓다. 그리고 그 공간을 관광객들이 채우고 있다. 마치 만국기가 휘날리듯 여러 나라의 팀들이 지나간다. 광장의 한쪽에는 무대가 설치되어 있고 그 위에서 밴드가 공연을 하고 있다. 마침 이 분위기에 맞게 'We are the world' 노래를 연주한다. 사람들이 양손을 머리 위로 흔든다.

"We are the world~"

크라쿠프 중앙시장 광장을 가득 메운 사람들

배에서 신호를 보낸다. 먹을 시간이다. 광장 주변에 괜찮아 보이는 외부 테라스에 앉았다. 우리나라 만두와 비슷한 폴란드 음식 피에로기Piergi를 주문했다. 이 음식은 중국의 교자가 러시아를 통해 폴란드에 들어온 것이다. 맥주 주문도 물론 잊지 않았다. 피에로기의 종류가 여러 가지였는데 '모둠'으로 주문했다. 조리법은 삶기와 튀기기가 있고 튀긴 피에로기는 조금 더 비쌌다. 나는 튀기는 방법을 선택했다. 맛은 우리의 만두와 아주 비슷하다. 많이 바삭하지는 않아서 아쉬웠지만 맛있고 맥주와 잘 어울렸다.

배를 채우고 다시 광장을 돌아본다. 인파가 심상치 않다. 성 마리아 성당에 오르려고 하는 순간 나는 보았다. 이 많은 인원이 괜히 여기에 있는 것이 아님을. 오늘은 세계 청년 대회World Youth Day이다. 성당 앞 LED를 통해 알게 되었다. 그런데 경찰이 많고 도로는 통제되어 있었다. 검색을 해보니 세계 청년 대회는 요한 바오로 2세 교황이 1986년에 창시해서 3년마다 다른 도시에서 열린다고 한다. 기본적으로는 가톨릭 신자들의 단결과 찬양하는 면이 있긴 하지만 특정 종교에 국한되지 않는 성향을 띠고 있다고 한다. 로마카톨릭 교회에서 주최하기 때문에 이곳에 교황이 방문한다는 말이다. 경찰의 도로 통제는 교황 방문을 뜻했다. 나는 사람들의 배열에 합류

해서 우리나라에도 다녀간 프란치스코 교황을 기다린다. 프
란치스코 교황을 검색해보니 2시간 전에 트위터에 글을 남겼
다. WYD^World Youth Day를 축하는 메시지이다. 프란치스코 교
황이 지금 폴란드 크라쿠프에 함께 있는 것이다.

선물처럼 우연하게 만난 프란치스코 교황

　드디어 교황이 지나가신다. 정말 순식간이었다. 하지만
나는 교황의 환하고 평온하며 평화로운 미소를 보고 만났다.
나는 종교가 있지 않지만 마음이 평온해졌다. 내면 공간이 크
게, 넓게 그리고 아주 깊이 확장된 기분이 들었다. 나는 그 자
리에 서서 한참 동안이나 그 여운을 느꼈다. 조금 더 보태자
면 자잘한 마음속 걱정과 고통이 치유되는 느낌이랄까. 프란

경찰이 거리를 통제하고 있었고 시민들은 프란치스코 교황을 기다렸다

치스코 교황의 환한 미소가 마음속 깊은 곳에 각인되었다. 참 신기한 경험이다. 미리 알고 온 것도 아닌데 여행지에서 우연하게 교황을 만나다니. 피식 웃음이 난다. 그리고 활짝 웃어 본다. 교황처럼.

나는 폴란드 크라쿠프에서 프란치스코 교황을 만났다. 내가 지금 테러가 발생하고 있는 유럽에 있어서 그런지 평화에 대한 마음이 더 간절해진다. 그의 환한 웃음과 같이 세계가 평화롭게 함께 웃으면 좋겠다. 그리고 모든 이의 마음이 평안하길 바란다. 여행에서 이런 행운까지 만나다니, 여행 참 좋다.

29

아우슈비츠 수용소에 가다

빅터 프랭클 박사를 만나다

폴란드 크라쿠프를 찾은 이유는 아우슈비츠 수용소에 가기 위해서다. 아우슈비츠 방문에 대해 간략하게 남겨 본다.

역사 속 슬픈 사건도 있었지만 내가 이곳을 찾은 이유는 내 삶에 아주 큰 영향을 미친 한 인물을 만나기 위해서다. 그의 이름은 빅터 프랭클이다. 빅터 프랭클 박사는 오스트리아 출신의 정신의학자로 2차 세계대전 당시 나치에 의해 강제수용소로 보내졌다. 그러나 그는 죽음의 수용소에서 살아남았고 그 체험을 바탕으로 책을 쓰고 연구를 계속했다.

그는 로고테라피라고 하는 의미치료법을 창시해서 많은

사람들을 치료하고 살렸다. 그의 수용소에서의 체험은 삶과 죽음을 오가는 것이었고 다시 회상하기도 힘든 일이었지만 그는 책을 통해 세계의 많은 사람들에게 많은 것을 선물했다. 아무것도 잃을 것이 없이 초라한 몸뚱이만 남겨진 상황에서 인간이 어떨 수 있는지를 보여줬다. 삶과 죽음에 있어, 극한 의 상황에서 어떤 일이 펼쳐지는지 생생하게 묘사한다. 이를 통해 우리는 우리 삶과 자신을 다시 돌아볼 수 있다.

나치가 만든 수용소 모습

나 역시 그의 책을 통해 그리고 그의 체험을 간접적으로 본 경험을 통해 아주 큰 영감을 얻었다. 그것은 역사 속 사건 에 대한 관심이라기보다는 빅터 프랭클의 삶에 관한 것이었다. 또한 그가 말한 대로 '의미'라는 것이 삶에서 아주 근원적이고 중요한 것이라고 나는 믿었기 때문에 더 그러했다. 그동안 내 삶에서 나는 의미를 통해서 많은 성장과 발전을 거듭했고 지금도 계속 이어가고 있으며 나는 '의미'를 통해 앞으로도 계속 나아간다. 그 의미는 누가 주는 것이 아니며 내가 만드는 '나만의 의미'이다.

『죽음의 수용소에서』는 1991년 미국 의회도서관과 '이 달의 책 클럽Book of the Month Club'에 의해 미국에서 나온 10권의 영향력 있는 책 중 1권으로 선정되었다. 1997년 그가 사망했을 때, 이 책은 24개 언어로 1억 부가 팔린 것으로 추산된다고 한다.

아우슈비츠 수용소 입구에는 "노동이 그대를 자유케 하리라(Arbeit Macht Frei)"라는 글이 새겨져 있다.

나는 빅터 프랭클 박사로부터 받은 영감을 바탕으로 나의 정체성을 재정립하고 나의 비전을 세웠다. 나만 의미부여를 잘하기보다는 성장을 원하는 다른 사람에게도 도움을 주고 싶었다. 수년 동안 내가 해온 내가 또 잘하는 다른 한 가지, 공학엔지니어링을 융합해서 나를 '의미공학자'라고 브랜딩했다. 나는 행복한 자기발전을 위해 그 방법과 도구를 연구하고 고객을 코칭한다.

자세한 이야기는 나의 첫 책 「성장, 의미로 실현하라」에서 다시 나눌 수 있다. 이번 여행에서 나는 빅터 프랭클 박사가 있었던 아우슈비츠에서 그와 대화를 나눈다. 책에서 그가 묘사했던 상황에서 그가 어떻게 느꼈을지 감히 상상해본다. 또한 이곳을 배경으로 그리고 역사적인 사건을 배경으로 만들어진 영화를 떠올린다.

2016년 한국에서 재개봉한 로베르토 베니니 감독 및 주연의 영화 '인생은 아름다워'1998에서 주인공 귀도가 어린 아들 조수아와 함께 수용소로 끌려간다. 귀도는 아들에게 이 상황을 게임이라고 설명하며 끝까지 아들이 희망을 잃지 않도록 하며 수용소의 비참함을 감춘다. 그의 아내는 유대인이 아님에도 함께 수용소로 가겠다고 하는데 영화를 통해 귀도의 아내 그리고 아들에 대한 사랑을 감동적으로 느낄 수 있다. 어떠한 상황에서도 인간은 그 반응을 선택할 수 있다는 프랭클 박사의 말을 귀도가 직접 보여준다. 늘 유쾌한 귀도는 정말 멋진 남편이고 아버지이다.

영화 '쉰들러 리스트' 역시 같은 배경을 바탕으로 스티븐 스필버그가 만들었다. 1993년 아카데미 시상식에서 작품상과 감독상 등 7개 부문에서 수상했다. 오늘 밤에는 며칠 전부터 나누어 보고 있던 '쉰들러 리스트'를 모두 봐야겠다. 실제 촬영지인 크라쿠프에서 영화를 보고 직접 영화 속 장면을 만나 보는 것도 여행의 큰 재미일 것이다. 내일은 영화 속 장소에 가볼 예정이다.

30

유럽의 바닥에 내려가다

폴란드 크라쿠프 소금광산

폴란드 크라쿠프에서의 셋째 날, 소금광산 비엘리치카 Wieliczka를 찾아 나선다. 가는 길에 우선 중앙역에 가서 내일 탈 기차의 자리를 예약했다. 내일 나는 오스트리아 빈Wien으로 간다. 내일도 야간열차를 탄다. 기차표를 예매하니 마음이 편안하다. 이제 기차를 타기 전까지 여기에서 남은 시간을 즐기면 된다. 비엘리치카는 지하에 형성된 자연동굴인데 소금의 가치가 알려지면서 더 개발되었다고 한다. 유럽의 지붕이 융프라우라고 하면 유럽의 바닥은 비엘리치카라고 말할 수 있다. 버스를 타기 전 아침 겸 점심으로 여행을 위한 배를 채

여행에서의 반갑고 소중한 만남

운다. 어느 곳에 가든지 있는 아시안 푸드는 탄수화물을 보충하기에 딱이다. 가격도 저렴해서 부담 없이 즐길 수 있다.

버스를 타고 30분쯤 달려 소금광산에 도착했다. 그런데 관광객이 너무 많다. 티켓을 사는 데만 거의 1시간 반을 기다렸다. 이럴 줄 알았으면 여행 책자에서 안내해준 대로 시내에서 미리 티켓을 구할 걸 그랬다. 기다린다. 인생에서도 많은 기다림이 있듯이 여행에서도 기다림의 시간이 온다. 햇볕은 뜨겁지만 내가 갖고 있는 것들을 방패 삼아 가리며 기다린다. 마음을 편하게 먹으면 다른 것들이 보인다. 기다리는 동안 주위를 둘러본다. 땅바닥에 앉아서 친구들과 신나게 떠드는 사람들, 아이스크림을 사와서 먹는 사람들, 맥주와 소시지를 사서 즐기는 사람들의 모습이 눈에 들어온다. 마치 놀이동산에 와서 인기 많은 기구를 타기 위해 줄을 선 모양새다.

소금광산으로 들어가는 입구에서

드디어 소금광산으로 들어간다. 아니 내려간다. 나무 계단을 통해서 계속 내려가는데 끝이 안 보인다. 그래도 내려가는 길이라 수월하다. 예상한 대로 시원하다. 밑으로 내려갈수록 더 시원해진다. 가이드 투어가 시작되는 지점부터 계속 내려가며 소금광산을 본다. 모두 소금으로 이루어진 동굴이다. 소금광산 안내는 모든 그룹을 한 명의 가이드가 안내하는 투어 형식으로 이루어진다.

아득하게 아래로 이어지는 나무 계단과 소금을 채굴하는 기구

가는 길 곳곳에는 과거에 소금을 채굴했던 방법과 기구를 재현해 놓았다. 주로 간단한 도르래 원리를 이용한 수작업이 많았고 워낙 거대한 광산이기 때문에 안에는 말을 타고 이동하기도 했다고 한다.

한참을 내려가다 마주한 거대한 공간을 만난다. 성당이다.

예술작품과 같은 소금광산 지하 성당 조각들

지하 110m, 이 깊은 곳에 성당이 있다. 죽을 수도 있는 위험한 공간에서 일한 광부들이 신앙심으로 만든 것이다. 소금으로 만든 여러 작품들 역시 광부들이 만든 예술품이라고 한다.

가장 깊은 곳인 130m까지 내려가 본 후 투어를 마무리한다. 2시간 정도 시간이 소요되었는데 내가 본 부분이 전체 광산의 1%밖에 되지 않는다고 한다. 그 규모가 얼마나 큰지 상상하기도 어렵다.

다시 지상으로 올라가기 위해서 엘리베이터를 탄다. 다행이다. 걸어서 올라가는 건 머릿속에 그려지지 않는다. 잠깐이지만 이 경험도 짜릿하다. 다시 지상으로 나오니 햇살이 눈부시다. 유럽의 바닥을 찍고 지상으로 올라왔다. 아주 깊은 여행을 하고 왔다.

31

크라쿠프에서 만난 친구, 영배

Thank you, Youngbae!

폴란드의 숙소는 한국인이 운영하는 아파트 형태의 도미
토리다. 주인인 한국인은 다른 나라를 여행 중이고 한국계 프
랑스인 친구가 나를 맞아주었다. 그의 이름은 영배다. 그는
한국 이름을 쓰고 있다. 나는 그와 영어로 대화했다. 그가 냉
장고에서 병맥주를 꺼내며 나에게 마시겠냐고 물었다. 나는
고맙다고 말하고 함께 맥주를 마시며 이야기를 나눴다. 그는
폴란드에 온 지 3개월 정도 되었다고 했다. 프랑스에서 일하
다가 여기에서 일도 하며 지내고 있다고 했다.

그는 프랑스에서 계속 자랐는데 마치 한국 문화를 잘 아는

여행에서의 반갑고 소중한 만남

것처럼 예의가 몸에 배어 있었다. 그는 나를 많이 배려해주었다. 노란색으로 염색한 머리와 스타일리시한 패션이 인상적이다. 계속 이야기를 나눠보니 멋스런 이유가 있었다. 그는 프랑스에서 아시안 패션모델로 일했다고 한다. 그 전에는 레스토랑에서 일도 해보고 비즈니스도 해보며 다양한 경험을 했으며 지금은 폴란드에서 에이전시를 찾고 있다고 말했다. 함께 이야기를 나누는 중에 그의 전화가 울린다. 잠시 이야기를 나누더니 폴란드 친구들을 만나러 갈 예정인데 함께 가겠냐고 나에게 물었다. 나는 잠시 망설이다가 함께 가자고 했다. 현지인들과 함께 어울려보는 것도 여행의 재미이지 않은가.

나는 어떻게 알게 된 친구들인지 물었다. 그는 K-Pop 파티에서 만난 친구들이라고 했는데 내가 잘못 들어서 Kebab 파티라고 들었다. 나는 잠시 케밥은 먹기 간편하고 맛도 좋다고 동문서답을 하고 있었다. 그런데 그는 그냥 계속 들어주었다. 다시 제대로 알아듣고 이야기를 계속 들었다. 그리고 나서 우리는 함께 집을 나섰다. 해가 저물고 날씨가 적당히 시원해져서 기분이 더 좋다. 밖은 여전히 축제 분위기이다. World Youth Day에 참가한 세계 여러 나라의 사람들이 마치 2002년 월드컵 한국의 거리 풍경과 같이 서로 하이파이브를 하며 지나간다. 폴란드 친구들이 있는 곳에 도착하니 세 명의 폴란드 친구들이 있었다. 앉아서 소개를 하고 이야기를 재미있게 나눴다. 밀리나라는 친구가 말을 정말 재미있게 했다. 자신의 남자친구가 의학을 공부하는 한국인이라고 말하며 남자친구와의 에피소드를 재미있게 말했다. 중간에 한국말도 몇 마디 했는데 발음이 굉장히 훌륭했다.

한참 이야기를 나누다가 노래방에 가자고 해서 그곳으로 행했다. 폴란드의 노래방은 우리나라와 같이 방의 형태가 아니라 Bar처럼 오픈 된 공간이었다. Bar의 한쪽에서는 주문을 받고 술을 제조했고 다른 한쪽에서는 노트북으로 음악을 선곡하고 있다. 나는 주문한 맥주를 마시며 다른 사람들이 부르는 노래를 들었다. 나보고 한 곡 부르라고 했는데 대부분 팝송이라 부를 수 있을 만한 노래가 없었다. 나는 그냥 분위기를 느끼며 앉아 있었다.

다른 친구들이 노래 부르는 것을 한참 동안 보고 있는데 나보고 '강남스타일'을 부르라고 한다. 잠시 당황했다. 강남스타일은 어디에도 있으리라. 외국에 와서 강남스타일을 부르게 될 줄이야. 노래가 시작되자 나는 더 당황했다. 가사가 한국발음을 알파벳으로 옮긴 형태로 나오는 것이다. 사실 당연히 그런 건데 잠시 내가 한국의 노래방 기계로 착각했다. 가사를 외우지 못한 상태라 알파벳만을 빠르게 읽어가며 노래하기가 쉽지 않기 때문에 나의 가슴은 더욱 요동쳤다. 나는 정말 겨우 겨우 부르고 있었다.

그런데 Bar에 있는 모든 사람이 함께 더 크게 부르고 있었다. 솔직히 나보다 더 잘 불렀다. 그 사이 밖에 있던 World Youth Day에 참가한 친구들이 Bar를 거의 가득 메우고 있었다. 이런 분위기에서 강남스타일을 내가 부르고 있다니. 참 믿기지도 않는 경험을 했다. 식은 땀을 닦으며 나는 다시 안정을 취했다. 나의 차례가 끝나고 다른 Youth 친구들이 모두가 알고 있는 본 조비와 웨스트 라이프의 노래들을 불렀다. 그리고 모든 사람들이 함께 노래했다. 분위기를 즐기며 시간을 보내다가 밖으로 나왔다.

PUB에 가잔다. 사실 어떤 곳이 PUB이라고 할 것 없이 모든 맥주 가게가 PUB 같았고 분위기도 그랬다. 우리는 한 곳에 들어가 맥주를 더 마셨다. 그곳에서 말레이시아 친구 브라이언과 한국계 말레이시아인 트로이를 만났다. 함께 음악을 들으며 즐거운 시간을 보냈다. 우연한 만남과 외출 덕분에 폴란드에서 재미있고 신나는 경험을 했다. 즐거운 만남과 시간을 선물해 준 영배에게 감사 인사를 하고 숙소로 돌아간다. 여행에서 만나는 다양한 경험과 좋은 친구들을 추억에 담는다.

다음 날 저녁 영배는 맛있는 저녁 식사를 준비해 놓고 나를 기다리고 있었다. 스테이크를 해주었는데 정말 맛있었다. 토마토, 양파가 잘 어우러져 달콤한 스테이크를 맛봤다. 나는 떠나기 전 저녁을 사겠다고 했고 인도 식당에서 영배와 한 번 더 함께 식사를 했다. 짧은 만남이었는데 나에게 따뜻하게 잘 해줘서 참 고마웠다. 여전히 여운이 남는 친구다.

32

Goodbye, 크라쿠프!
시간을 넘어선 여행지 크라쿠프, 안녕.

폴란드 크라쿠프에서 3박 4일을 머문 후 오스트리아 빈
Wien으로 간다. 함께 지낸 영배와 언젠가 다시 만나길 약속하
고 작별했다. 나는 그에게 정말 즐거운 시간이었고 고마웠다
고 말했다. 이제 기차역으로 향한다. 역에는 새롭게 향할 목
적지에게 기대를 뿜어내는 많은 여행객들로 붐빈다. 나와 같
이 배낭을 맨 사람들과 동질감을 느끼며 내 마음은 다시 편안
한 방랑객의 여유를 갖는다.

두 번째 타는 야간열차가 벌써 익숙하다. 플랫폼을 확인하
고 기차에 오른다. 이번 열차에는 따끈한 머핀이 서비스로 침

대 칸에 올려놓아져 있다.

준비되어 있는 시트를 침대에 깔자 안락해 보인다. 야간열차가 생각보다 잘 되어 있어 이동하는 재미가 있다. 같은 칸에 아기와 함께 부부가 탔다. 나는 귀여운 아기에게 인사를 하고 짐을 정리했다.

승무원이 한국 사람 김성국을 안다면서 농담을 건넨다. 내 자리가 원래는 3층인데 좋은 자리인 가운데 층을 써도 좋다고 한다. 예약이 없어 괜찮다고 한다. 유쾌한 인심에 미소가 오고 간다. 즐거운 여행의 요소가 곳곳에 있다

자리에 누워 이어폰을 귀에 꽂는다. 손이 가는 대로 선곡했는데 신기하게도 영화 '지금, 만나러 갑니다'의 OST '시간을 넘어서'가 흘러나온다. 동시에 내 머릿속에는 크라쿠프의 추억이 흐른다. 폴란드 크라쿠프는 특별했다. 시간을 넘어서 아우슈비츠에서 빅터 프랭클 박사를 만났고 실제 그리고 영화 속 유대인들을 만났다.

이번 배낭여행에서 갔던 많은 도시들 모두 좋았지만 크라쿠프는 더 특별했던 것 같다. 여기에서는 현지 친구들을 만나기도 했다. 그리고 좋은 친구들 만나 많은 선물을 받았다. 언젠가 또 오고 싶다. 관광지로써가 아니라 사람 그리고 분위기로써 크라쿠프는 대만족이다.

다음 목적지는 영어로는 Vienna라고 하는 빈^{Wien}이다.

계획상으로는 이틀을 머물 예정인데 또 어떤 즐거운 시간을 보내게 될지 궁금하다. 프로이트 박물관이 가장 기대된다. 300년 된 카페에도 가보고 싶다. 열차가 움직인다. 출발이다. 달리는 밤기차의 소리가 좋다.

덜컹이면서도 제 할 일을 잘 해내는 모양이 충실하게 느껴진다. 나를 목적지까지 안전하게 데려다준다고 은은하게 속삭이는 소리 같다. 어두워진 기차 밖 풍경을 보며 감상을 글에 담는다. 마음이 편안하고 기분이 좋다. 오늘 숙소에서 만난 세계여행을 6개월째 이어가고 있다는 한국 친구가 말했다.

여행을 길게 하는 것도 쉬운 건 아니라고 했다. 나 역시 그의 말에 동의한다. 여행에 익숙해지는 건 좋은데 감흥의 정도가 떨어지거나 여행의 초심을 잃는 때가 많다는 뜻도 한 몫 한다. 인생을 살아가며 느끼는 초심을 잃을 때 역시 이와 마찬가지이지 않을까. 인생이 여행과 같기 때문에 이 말도 일리가 있다. 실제 내가 그렇게 느끼지 않는가.

인생도 여행과 마찬가지로 매 순간 지금, 여기를 여행해야한다. 아무것도 아닌 지금은 없다. 열정적으로 느끼되 있는 그대로의 순간들을 느껴야 한다. 그래야 시간이 지나서 후회하지 않을 것이고 내 마음에 많은 것을 담을 것이며 이를 통해 새로운 눈을 찾을 수도 있다. 여행에서 인생을 다시 배운다. 지나온 삶을 돌아보며 다시 배우고 다시 느낀다. 이 또한 인생이다.

Austria

Vienna

Budapest

Part 3.

여행에서 발견하는 인생

33

오스트리아, Austria

오스트리아 비엔나에 도착

비엔나에 도착했다. 체크인 시간이 오후 2시라서 배낭만 숙소에 맡겨 놓고 지하철을 탔다. 비엔나는 지하철 타기가 매우 간편하다. 지하 1, 2층 수준의 계단만 내려가면 바로 지하철을 탈 수 있다. 갈아타기도 편리하다. 오스트리아에 대해 잠시 알아봐야겠다.

우선 역사를 살펴본다. 오스트리아는 유럽 최대의 왕실 가문 합스부르크 왕가와 인연을 맺으며 13세기부터 20세기 초반까지 700여 년간 유럽 정치에 큰 영향력을 행사했다. 합스부르크 왕가는 정략결혼 정책과 파산한 영주의 영토를 사들이며 영토를 확장했다. 1740년에는 마리아 테레지아가 왕위에 올라 근대 국가로 발전했고 1805년 나폴레옹이 신성로마제국의 황제 즉위를 포기하면서 오스트리아 제국이 창조되었다고 한다. 그리고 유럽에서 강력한 영향력을 행사해왔으나 제1, 2차 세계대전을 겪으며 미국, 영국, 소련 공동점령 기간을 거쳐 독립국으로 거듭났다. 현재 오스트리아는 예술의 고향이자 풍부한 문화유산을 지닌 곳으로서 세계의 수많은 관광객이 찾는 관광 도시들을 소유한 나라이다. 독일어를 사용하는 게르만족 국가지만 독일과는 여러 면에서 다르다고 한다. 내가 찾은 비엔나는 합스부르크 제국의 수도였고 음악의 도시이다. 음악뿐만 아니라 미술, 건축 등의 분야도 눈부시다. 그 눈부신 역사의 장소를 여행해 봐야겠다.

나는 먼저 성 슈테판 대성당을 찾아갔다. 성 슈테판 대성당은 비엔나를 상징하는 건축물이다. 시내의 중심에 웅장하게 솟아 있다. 최고의 고딕 건축을 감상한다. 성당 건물이 고딕을 품고 있다. 어디를 둘러봐도 고딕이다. 성당 내부의 기둥마저 고딕 양식이다. 높이도 그렇지만 구조마저 하늘을 찌를 듯 위용을 드러낸다. 가볍게 멋진 건축물인 성 슈테판 대성당 건물을 둘러본 후 이어진 길을 따라간다.

그라벤Graben 거리는 고대 로마 시대에 만든 개천그라벤을

성 슈테판 대성당 바깥과 안쪽. 고딕 양식의 정수를 볼 수 있다

12세기에 메워 거리로 만들었다고 한다. 많은 상점들과 함께 아름다운 건축물이 이어진다. 왼쪽으로 돌아 이어지는 콜마르크트Kohlmarkt 거리의 의미는 목탄 시장이다. 14세기에 이곳에서 목탄 시장이 열렸다고 한다.

조금 더 걸으니 왕궁의 정문이 나온다. 하얀색의 건물이 햇빛을 받아 더욱 하얗게 빛나며 멋진 상아색 돔과 조화를 이룬다. 정문 입구에는 4개의 헤라클레스 상이 조각되어 있다.

왕국의 위엄이 서린 정문

역동적인 모습이다.

왕궁으로 들어가 합스부르크 왕국의 위엄을 만난다. 10개의 건물들이 600여 년에 걸쳐 완성되었다고 한다. 외관을 감상하는 것만으로도 만족스럽다. 나는 신왕궁 앞 그늘에 앉아 천천히 주위를 둘러 봤다.

비엔나에 도착한 첫날, 비엔나의 거리를 걸으며 아름다운 도시를 느껴본다. 역사 정보를 찾아보며 걷는 재미가 있다. 볼 것들이 많아 내일이 기다려진다. 비엔나는 천천히 감상하며 도시를 둘러봐야겠다.

34

프로이트의 발자취를 따라서

지그문트 프로이트

비엔나를 감상하고 있다. 아름다운 도시 비엔나에는 프로이트가 공부한 학교 빈 대학Wein University이 있다. 빈 대학은 1364년에 창설된 독일어권에서는 가장 오래된 대학이라고 한다. 프로이트 외에도 물리학의 도플러, 의학의 멘델과 빌로트, 수학의 레기오몬타누스 등이 대표적인 빈 대학 출신 학자들이라고 한다. 나는 프로이트의 발자취를 따라서 걸어보기로 한다. 내가 빈 대학에 방문한 날은 토요일이라 학생은 없었고 Medical 학회가 진행되고 있었다. 리셉션이 진행되고 강의실에는 학회 발표를 하고 있었다.

빈 대학과 교정 안에서 발견한 프로이트의 흉상

학교를 천천히 둘러보다가 드디어 프로이트 흉상을 발견했다. 다른 학자들은 사실 잘 모르겠다. 프로이트를 발견한 것만으로도 신기할 따름이다. 우리나라에서 유명한 알프레드 아들러 역시 빈 대학 의대에서 공부했다. 개인심리학을 수립한 그는 오스트리아 빈에서 프로이트가 주최하는 정신분석학회에서 함께 활동하기도 했는데 훗날 프로이트와 학설상의 이견으로 결별했다.

아들러는 성性 본능을 중시하는 프로이트의 설에 반대하고, 인간의 행동과 발달을 결정하는 것은 인간 존재에 보편적인 열등감, 무력감과 이를 보상 또는 극복하려는 권력에의 의지라고 생각했다고 한다. 프로이트는 원인론적 분석을 했지만 아들러는 목적론적 분석을 주장했다. 이를 기반으로 한 개인심리학은 프로이트 학파에 큰 영향을 미쳤다. 목적론을 기반으로 한 일본인 철학자 기시미 이치로와 작가 고가 후미타케가 함께 쓴『미움받을 용기』가 우리에게 친숙하다. 우리나라에서 최장기간 베스트셀러를 기록했다. 나는 심리학의 줄기를 따라 흥미롭게 프로이트와 아들러를 만나본다. 어떤 이론을 내가 동의하느냐가 아니라 그 역사를 통해 즐거운 탐구를 해본다.

프로이트를 더 만나고 싶다. 나는 비엔나에 있는 프로이트 박물관을 향한다. 프로이트 박물관은 프로이트가 실제로 환자를 치료하면서 살던 곳이다. 그의 유명한 저서『꿈의 해석』역시 이곳에서 완성되었으며 자녀들이 이곳을 복원해서 박물관으로 사용하고 있다고 한다. 지도에서 위치를 찾아 프로이트 박물관을 찾았다. 올라가는 계단의 벽면에는 1900년『꿈의 해석』의 발간을 포함한 프로이트의 역사가 연대기 순으로 나열되어 있다. 그리고 그가 직접 사용한 타자기가 있고 실제 사용했던 방의 모습이 있다.

프로이트 박물관에서

　　그가 실제 환자를 치료했던 방에 와서 그 모습을 바라본
다. 오늘날 많은 심리학 서적에서 언급되는 프로이트를 만나
봤다. 잠시였지만 그의 발자취를 살피며 흥미로운 여행의 재
미를 느낀다. 정신의학과 구별되는 정신분석을 독립적인 학
문으로 발전시킨 프로이트는 심리학의 발전에 큰 역할을 했
다. 그를 통해 많은 정신의학자와 심리학자가 학문을 연구했
다. 나아가 나와 같은 학자가 아닌 시민도 관심을 갖고 흥미
롭게 탐구하는 재미를 갖게 해주었다. 오스트리아 비엔나에
는 이런 재미도 있다니. 실제 그 흥미를 만나 보니 이것 또한
흥미롭다.

35

모차르트와 베토벤을 느껴보다

음악의 도시, 비엔나

오스트리아 비엔나에서 활동한 대표적인 음악가는 모차르트, 슈베르트, 하이든, 베토벤, 요한 슈트라우스 부자가 있다. 모두 학창시절에 음악 교과서에서 만났던 인물들이다. 이 유명한 분들이 모두 비엔나에 있었다니 신기하다. 합스부르크 제국의 수도 빈Wein은 예술가들에게 지원을 아끼지 않았다고 한다. 덕분에 오늘날 우리의 삶을 더 풍요롭게 해주는 음악이 생겼다.

비엔나에서 모차르트와 베토벤을 느껴보기 위해서 그들의 발자취를 따라가 본다. 먼저 피가로 하우스를 찾았다. 성

슈테판 대성당을 지나 예쁜 골목 사이로 피가로 하우스가 보
인다.

　모차르트는 1784년부터 약 3년간 이곳에 살면서 피가로의
결혼이라는 유명한 곡을 남겼다. 그가 이 집에 살 때 베토벤
이 찾아와 연주를 했다고 한다. 3층으로 이루어진 이 집은 모
차르트의 일생과 그의 음악을 표현하고 있다. 모차르트의 생
애를 그린 영화 아마데우스를 보고 싶은 마음이 생겼다. 그가
있던 비엔나에 와 봤으니 영화를 꼭 봐야겠다. 그리고 모차르

트의 음악을 새롭게 느껴봐야겠다. 여행이 이런 재미까지 선물해주다니. 여행은 선물의 연속이다.

왕궁정원에 갔을 때 모차르트의 동상을 찾았다. 동상 앞에 작은 정원이 있었는데 높은음자리표 모양이 예쁜 꽃으로 꾸며져 있었다.

모차르트의 동상

그리고 찾아간 곳은 베토벤이 1804년부터 1808년까지 살다 이사 간 후 다시 4년간 살던 파스칼라티 하우스이다. 베토벤은 비엔나에서 사는 35년 동안 50군데가 넘는 집을 옮겨 다녔다고 한다. 이 집을 후원해 준 파스칼라티 남작의 이름을 따서 파스칼라티 하우스라는 이름이 붙었다.

잦은 이사의 이유는 피아노 연주로 인한 집 주인 또는 이웃집과 불화 때문이라고 한다. 그중 이 집에서는 그 유명한 곡 '운명'과 '열정'이라는 곡이 만들어졌다고 한다. 지금은 건너편에 있는 빈 대학이 전망을 가리지만 당시에는 시내가 잘 보이는 곳이었을 것이라고 한다. 내가 방문한 요일인 휴관일인 월요일이라서 나는 집 근처에서 그 분위기만 만나본다.

음악의 도시 비엔나에서 모차르트와 베토벤을 느껴본다. 시간을 넘어서 그들을 잠시 만났으니 그들의 위대한 음악을 평생 즐길 수 있는 선물을 받았다. 숙소에 돌아와 그들의 명곡을 들어본다.

36

비엔나커피, 전통 카페 투어

커피를 사랑하는 도시, 비엔나

오스트리아 비엔나에서 가장 많이 볼 수 있는 것 중에 하나가 카페다. 비엔나의 카페는 300년 전통을 자랑한다. 비엔나에서는 과거에 지식인들, 예술가들이 카페에 모여 토론을 했다고 한다. 카페의 본고장이라고 할 수 있다. 한국에서 작은 동네 카페를 부업으로 운영하고 있는 나에게는 비엔나에서의 카페가 상당히 기대된다. 거리 곳곳에 카페가 많고 커피를 즐기는 시민들이 굉장히 많다. 어딜 가나 카페가 있고 이를 즐기는 사람들로 붐빈다.

나는 비엔나에 있는 역사와 전통이 있는 카페 세 군데를 골랐다. 먼저 찾아간 곳은 'Cafe Demel'이다. 콜 마르크트 거리에 있는 이 카페는 1786년부터 캔디와 잼을 넣은 도넛을 판매한 루드비히 데너의 사업으로 시작했는데, Demel 가家에서 이 사업을 이어받아 황실에 납품할 정도로 성공시켰다고 한다.

나는 카페 바깥의 노천 좌석에 앉아 커피와 케이크를 주문했다. 여기에서 맛볼 커피는 멜랑게Melange인데 비엔나에서 가장 인기 있는 커피라고 한다. 맛은 카푸치노와 비슷했다. 함께 주문한 자허 토르테 역시 맛있다. 초코 케이크를 포크로 떠서 달콤한 생크림에 찍어 먹는다. 초코 케이크가 너무 달지 않아 생크림과 잘 어울린다.

Cafe Demel의 노천 좌석, 멜랑게와 자허 토르테

자허 토르테와 관련해서 재미있는 일화가 있다. 'Cafe

Sacher'라는 카페에서 황제가 먹었다는 자허 토르테를 탄생시켰는데 한동안 Sacher와 Demel이 소송을 벌이기도 했단다. 더 흥미로운 것은 Sacher의 아들과 Demel의 딸이 결혼을 해서 제2의 자허 토르테가 탄생했다는 것이다. 현재는 그 레시피가 더 이상 비밀이 아니라서 비엔나의 다른 카페에서도 같은 형태의 케이크를 판매한다고 한다. 나는 커피를 마시고 카페 안을 구경했다. 진열된 케이크들의 모습부터 달콤하다. 판매용 초콜릿과 캔디도 다양하게 있다.

Cafe Demel에 진열된 케이크

두 번째로 찾은 곳이 바로 Demel에서 맛본 자허 토르테의 원조라고 하는 'Cafe Sacher'이다. Hotel Sacher의 1층에 있는 카페라 외관이나 분위기가 고급스럽다. 1층 전체가 카페이고 바깥 한편의 케른트너 거리에는 외부 테이블이 많다.

Cafe Sacher의 노천 좌석과 내부 좌석

1832년에 문을 연 이곳의 멜랑게^{Melange}는 Demel과 비슷
했다. 자허 토르테 역시 외관은 비슷했는데 맛은 조금 달랐
다. Demel에서 먹은 것보다는 더 달았다. 초코 케이크가 더
진하고 달다.

Cafe Sacher의 자허 토르테와 멜랑게

Cafe Sacher의 아인슈페너

그리고 이곳에서는 우리에게 비엔나커피로 많이 알려진 아인슈페너를 주문했다. 블랙커피 위에 휘핑크림이 올라간 형태의 커피이다. 찻잔과 함께 담겨진 커피 그리고 휘핑크림이 예쁘다. 달콤한 휘핑크림과 함께 입안으로 들어오는 꽤 진한 커피의 맛이 좋다. 함께 주문한 애플파이 아펠슈트루델도 맛본다. 애플파이 안의 사과가 살아 있다.

Cafe Central이 있는 멋스런 건물

Cafe Central에서 본 피아노 연주

마지막으로 찾은 곳은 'Cafe Central'이다. 워낙 유명한 곳이라고 해서 사실 나는 이곳이 괜찮을 것이라고 기대하지 않았다. 그런데 카페의 분위기만큼은 1위다. 멋스런 건물 1층 모퉁이에 위치하고 있는 Cafe Central은 1층 전체를 사용하고 있다.

내부가 굉장히 넓고 은은한 조명과 함께 그 분위기에 매료된다. 내가 간 저녁 시간에는 직접 피아노곡을 연주해주는 정말 분위기가 끝내주는 시간이었다. 곡을 마칠 때마다 손님들은 박수갈채를 보냈다. 내가 연주자의 사진을 찍으려고 하자 연주자는 재미있는 표정까지 지어주는 여유와 매너를 보였다.

Cafe Central은 1868년에 문을 열었고 당시 활동하던 많은 예술가들이 즐겨 왔다고 한다. 여기에서도 비엔나커피인 아인슈페너와 애플파이인 아펠슈트루델을 주문했다.

Cafe Sacher보다는 작은 잔에 나온 아인슈페너의 맛이 좋다. 어렵지만 우열을 가리자면 내 입맛에는 Cafe Sacher의 아인슈페너가 더 맛있었다. 하지만 기본적으로 모두 전통을 자랑하는 맛이라 모두 맛이 좋다.

아펠슈트루델 역시 사과가 살아 있어 씹히는 맛이 바삭한 파이와 함께 맛있는 조화를 이룬다. 소복하게 쌓인 분당의 달콤함과 사과 1개 정도가 통째로 들어간 듯한 신선함이 느껴진다.

200~300년의 역사와 전통을 자랑하는 비엔나의 카페 투어 덕분에 입이 즐겁고 기분이 좋다. 우열을 가리기 힘든 각각의 매력을 가진 카페 체험을 하며 비엔나 여행을 즐긴다. 독일 프랑크푸르트에서 102년 된 카페 Waker's Kaffee 맛도 좋았는데 오스트리아 빈에 와서도 전통이 있는 커피 맛을 보게 돼서 기쁘다. 예전에는 설탕 시럽 없이는 커피를 마시지 못했던 내가 카페 사업을 경험한 덕분에 이렇게 여행지에서도 커피를 그리고 카페 분위기를 즐기고 있다. 지금 여행의 경험처럼 경험은 언젠가 나에게 소소한 선물을 계속 선사한다.

Cafe Central의 아펜슈트루델과 아인슈페너

37

여행 : 생각하고 정리하는 휴식

인생을 바라보다

여행은 생각할 시간을 갖고 생각을 정리할 수 있는 휴식을 준다.

우리는 때때로 생각이 너무 많고 생각에 사로잡히기도 하지만 여행에서는 다르다. 여행에서도 많은 생각을 하지만 여행에서는 생각을 정리하기까지 한다. 이것이 분명하게 다른 점이다. 물론 일상생활에서도 생각의 정리까지 이르는 경우가 있지만 그 빈도는 많지 않다. 이런 걸 보면 생각의 정리는 마음의 여유가 얼마나 있느냐와 관련이 있는 것 같다. 여행은 생각을 하게 하되 생각 정리까지 안내하고 곧 휴식을 취할 수

여행에서 발견하는 인생

있게 한다.

또 다른 점이 있다면 생각의 종류이다. 일상에서 보통의 생각이라면 주로 걱정이나 해야 할 일 등의 종류가 많다. 하지만 여행에서는 새로운 생각이 머릿속에 많이 떠오른다. 새로운 생각은 이미 갖고 있는 나의 내용물 중에서 새로운 자극을 받아 새롭게 정리된 것이 있다. 또한 여정에서 보고 듣고 느낀 것 중 어떤 것으로부터 받은 영감을 통해 완전히 새로운 생각을 하기도 한다. 한편 더 확장하면 어떨 때 내가 이런 생각을 하고 있구나, 라는 인지를 하는 것도 재미있다. 여행에서 여러 가지 상황이 펼쳐지는데 그때 내가 어떤 생각을 하는지 가만히 지켜보면 흥미롭다. 그것 역시 나를 알아가는 과정이다. 여행을 통해 자신과의 만남을 다양하게 할 수 있다. 이 또한 그중에 하나이다.

생각에 사로잡히면 피곤하다. 하지만 생각을 잘 활용하면 우리는 많은 것을 해낼 수 있다. 그러기 위해서 중요한 것이 바로 생각의 정리다. 여행을 통해 생각의 정리를 조금 더 잘 해낼 수 있다. 여행이 제공하는 여유와 휴식이 그것을 가능하게 한다.

38

새로운 도시를 탐색하는 것

Hello, New city!

헝가리 부다페스트에 도착했다. 비엔나에는 부다페스트를 먼저 여행하고 온 사람들이 많았다. 나의 여행 경로와 반대이다. 부다페스트의 야경은 눈부시다고 모두 엄지손가락을 치켜 올렸다. 부다페스트의 야경을 기대하며 첫 발을 내딛는다.

여러 도시를 여행하면서 그 도시의 첫발을 내딛는 곳은 대부분 기차역이다. 도시의 중앙역인데 그때부터 새로운 도시에 대한 탐색이 시작된다. 난생처음 와 본 곳의 풍경은 늘 새롭다. 원래 살아가던 사람들이 걸어 다니고 아주 오래 전부터 있던 건물들이 세워져 있다. 발걸음을 옮기며 가장 먼저 하는

여행에서 발견하는 인생

일은 숙소를 찾아가는 일인데 그 길에서도 여전히 내 눈은 호기심 가득한 자세로 도시를 탐색한다. 처음에는 어색하겠지만 내일이 되고 모레가 되면 익숙해질 새로운 도시에 나는 반가운 미소를 보낸다.

새로운 도시를 탐색하고 적응하는 일은 재미있다. 탐험가라도 된 듯 여기 저기 가보고 싶고 나도 여기 왔다고 말하고 싶어진다. 그리고 떠날 때면 늘 아쉬움이 남는다. 이것이 여행이다. 숙소를 찾아가는 길에 멀리 도나우 강이 보인다. 그리고 강 너머 부다 지구가 보인다. 부다페스트는 부다 지구와 페스트 지구가 합쳐진 의미를 갖고 있다. 부다페스트라고 하면 왠지 첩보영화를 찍어낼 것만 같다. 건물에서 총격전이 벌어지는 영화 속 장면이 떠오르기도 한다. 이곳에서 영화나 드라마 촬영을 많이 한 덕분에 내 머릿속에 이런 생각들이 스쳐지나간다. 부다페스트에서 김태희, 이병헌 주연의 드라마 '아이리스'가 촬영되었는데 몇몇 장면들이 떠오른다. 부다페스트는 어떤 도시일까?

새로운 도시를 탐색하기 위해 숙소에 짐을 풀고 밖으로 나왔다. 시간은 이미 저녁 9시 반이라서 해가 저물었다. 부다페스트의 선선한 저녁 바람을 쐬러 나온 사람들로 도나우강이 붐빈다. 강변을 따라 사람들이 걷고 부다페스트의 야경은 사

도나우 강 유람선에서 맥주와 함께 즐긴 야경

람들을 그리고 그들의 걷는 길을 밝혀준다.

강 건너로 보이는 성들의 모습이 아름답다. 은은한 조명과 함께 높은 곳에서 도나우강을 비추고 있다. 강물을 비추는 그 불빛 또한 영롱하다. 강변을 걷는 사람들, 벤치에 앉아 이야기를 나누는 사람들, 사랑을 속삭이는 연인들이 보인다. 나는 이어폰을 귀에 꽂고 음악을 들으며 천천히 부다페스트를 탐색한다. 시원하게 부는 바람과 귓가에 울려 퍼지는 노래가 나를 기분 좋게 한다. 나는 천천히 도나우강변을 걸으며 부다페스트의 야경을 감상했다.

부다페스트에는 2박 3일을 머물 예정이기 때문에 오늘은 가볍게 탐색을 하고 도나우강 유람선을 탈 계획이다. 나는 마지막 유람선 시간인 10시 티켓을 구입했다. 유람선이 도착했고 나는 유람선에 오른다. 마지막 타임이라 그런지 사람들이 그렇게 많진 않다. 티켓을 구입해서 받은 음료 코인으로 맥주 한 잔을 사들고 유람선 2층에 올랐다. 유람선은 천천히 도나우강을 유영했다. 강변을 따라 빛을 비추고 있는 건물들을 감상하며 시원한 부다페스트의 바람을 맞이했다. 시원하다. 새로운 도시 부다페스트 탐색을 이렇게 시작하며 나는 반갑게 인사했다. 안녕, 부다페스트!

39

익숙해진 것에서 새로움 발견하기

여행을 통해 인생을 바라보다

길게 여행을 하며 익숙해지는 것들이 있다. 배낭을 다시 싸는 것에 익숙해지고 이동하는 것에 익숙해진다. 새로운 도시와의 만남이 익숙해지고 짧은 만남과 이별에도 익숙해진다.

그중 가장 아쉬운 것은 비슷한 경험을 할 때 나의 반응이나 감탄이 익숙해지는 것이다. 예를 들면 새로운 도시에 와서 전망대나 성당과 같은 높은 곳에 올라 도시를 바라보는 경우가 있다. 높은 곳에 올라 도시를 조망하는 것은 흥미로운 여행의 일부이다. 그런데 비슷한 경험을 계속 하게 되면 내 머리는 나를 더 익숙해지도록 만든다. "이럴 거야, 비슷할 거야." 혹은 더 나아가 "올라가봤자 비슷한 모습일 텐데 다리만 아프게 올라갈 필요가 있을까?" 짧은 누적의 경험에서도 이렇게 자기합리화를 해내는 우리 안의 무언가는 호시탐탐 우리의 순수함을 공략한다. 헝가리 부다페스트에 와서 성 이스트반 성당에 오를 때 나는 갈등했다.

나를 고민하게 만든 성 이스트반 성당

"돈을 내고 올라가서 비슷한 풍경을 또 볼 것인가?"

내 안의 떠오른 상념을 무시하고 나는 성당의 돔에 올랐다. 높은 곳에 올라 나는 새로운 도시와 마주했고 인사를 나눴다. 96m나 되는 높은 곳에 올라 바라본 부다페스트의 모습은 아름다웠다. 그리고 내가 지나쳐 온 감정을 바라봤다. 나는 익숙해지는 것에서 새로움 발견하기에 대해 생각하고 있었다. 여행을 떠나기 전 나는 여행에 대한 마음에 드는 글귀를 찾았고 여행하는 종종 그것을 생각했다.

> "여행이란 새로운 곳을 찾는 것이 아니라
> 새로운 눈을 찾는 것이다."

이 글귀 덕분에 나는 여행의 순간순간에서 '새로운 눈'을 발견하는 즐거움을 누렸다. 한편 익숙해진 것에서 새로움을 나는 어떻게 발견하고 있는지 궁금했다. 나는 부다페스트 성 이스트반 성당에 올라 익숙해진 것에서 새로움을 발견하고 있었다. 그것은 또 하나의 새로운 눈이었다. 익숙해진 것에서 새로움을 어떻게 발견할까?

성당 돔에서 바라본 부다페스트

첫 번째 방법은 오래 지켜보는 것이다. 내가 보려고 했던 것만 나의 목적 달성을 위해서 보면 그것만 보인다. 다른 것은 보이지 않고 새로운 눈을 찾기 어렵다. 그러나 오래 지켜보면 안 보이던 것이 보인다. 이를 발견하는 재미는 여행의 또 다른 즐거움이다. 예를 들어 관광명소를 찾아 포인트를 찍고 다음 포인트로 이동하기 전에 지금의 장소에서 잠시 앉아서 천천히 둘러본다. 장난치는 아이들이 보이고 그들의 부모, 형제가 그 모습을 바라보며 반응하고 기쁜 표정을 짓는 모습이 보인다. 그 안에는 매우 다양한 것들이 포함되어 있다. 그것들은 그냥 나의 목적지만 향해서 갈 때 보이지 않고 주변을 둘러보며 갈 때 보인다. 천천히 보아야 보인다. 때로는 조금 떨어져서 보아야 보인다. 이처럼 익숙해진 것도 오래 지켜보면 새로움을 발견할 수 있다.

두 번째 방법은 사람을 보는 것이다. 같은 곳을 보며 그곳을 함께 바라보는 사람들을 보면 새로움을 발견할 수 있다. 표면적으로 우리가 가장 쉽게 경험하는 것이 다른 이가 감탄하며 새로운 것을 보고 느끼는 모습을 보고 우리도 그렇게 할 수 있다. 더 나아가 그 사람의 모습을 통해 나를 새롭게 발견하거나 생각하지 못한 생각을 찾을 수 있다. 나는 성 이스트반 성당에 올라 사람을 보았다. 나이가 지긋이 드신 노부부는 먼 곳을 함께 바라보며 손으로 그곳을 가리킨다. 그리고는 서로를 마주보며 살며시 웃는다. 같은 곳에서 만난 비슷한 연배의 관광객들과 인사를 나누며 웃는다. 노부부는 작은 기쁨을 잘 느끼고 충분히 누린다. 연인들은 다정하게 사진을 찍으며 그들의 행복한 추억을 사랑의 가슴에 담는다. 계속 피어나는 웃음이 그들의 행복을 말해준다. 나는 새로운 눈으로 이 모든 광경을 바라본다. 그저 먼 곳만 혼자 보는 것이 아니라 다른 사람들을 보며 새로움에 대해 생각하게 되었는데 그것이 바로 내가 찾은 새로움이었다.

한 가지 방법이 더 있다. 익숙해진 것을 새로운 방법으로 해보는 것이다. 가장 큰 효과를 얻기 위해서는 새로운 환경에 나를 던지는 것인데 이것이 어렵고 혼란스럽다면 조금씩 해볼 수 있다. 처음에는 어색하지만 그 과정에서 분명히 새로움을 발견할 수 있다. 과거에 나는 뚜렷하게 잘하는 것이 없었다. 그것은 재능이라고 하는 특별함이라고 할 때 그보다 덜 욕심을 부려서 다른 것들이라도 조금씩이라도 잘하고 싶었다. 그래서 나는 조금씩 새로운 시도를 해봤다. 새로운 방법으로 시도해보고 때로는 새로운 환경에 나를 가혹하게 던져보았다. 그만큼 변화와 성장에 대한 욕구가 컸던 것 같다. 이러한 과정에서 나는 새로운 눈을 찾았다. 그 새로운 눈은 누가 나에게 주는 것이 아니었고 내 안에서 발견한, 내가 나에게 주는 것이었다. 다양한 시도와 변화 과정에서 얻은 나였다. 내가 어떤 상황에서는 어떻고 또는 이럴 수도 있으며 어떤 방식이 나에게 가장 효율적이고 효과적인지 생각하기 시작했다.

익숙해진 것에서 새로움을 발견하는 일은 중요하다. 갓난아기가 세상과 만나 새로운 것에 늘 감탄하며 성장하듯 우리는 익숙해진 것에서도 때로는 새로움을 발견하며 감탄하며 살아가야 인생을 더 즐겁게 살아갈 수 있지 않을까. 이것은 어렵지 않다. 조금씩 그리고 천천히 마음의 여유를 갖고 세상을 바라보면 가능하다. 분명 인생이 더 풍요로워질 것이고 맑고 투명한 순수의 기쁨을 누릴 수 있을 것이다. 나는 그렇게 믿는다.

40

시간을 멈추고픈 화려한 야경

부다페스트 밤의 끝을 잡고

부다페스트의 야경은 유명하다. 화려한 불빛이 도시를 수놓고 아름다운 도나우강에 그 빛을 비추며 함께 영롱하게 빛난다. 부다페스트 둘째 날, 나는 야경 투어를 신청했다. 어제는 유람선에서 부다페스트의 야경을 탐색했으니 오늘은 제대로 만나봐야겠다. 한국인 가이드 분이 안내하는 야경 투어는 해질 무렵에 시작했다. 성 이슈트반 성당에서 모여 승합차를 타고 우리는 겔레르트 언덕으로 향했다.

언덕을 사뿐사뿐 오르며 처음 맞이한 부다페스트의 야경은 처음부터 황홀했다. 이렇게 갑자기 황홀해지기도 하는구나, 라는 생각이 들었다. 낮에 보았던 세체니 다리가 아름답게 빛나고 있었고 부다 지구와 페스트 지구 역시 도나우강 사이에서 각각의 빛을 내고 있었다. 해가 지면서 낮을 밝혔던 해가 부다페스트의 밤에게 바통 터치를 하는 듯했고 그 연결은 굉장히 부드러웠다. 나는 황홀하게 그 분위기에 빠져들었다.

도나우 강의 아름다운 야경

겔레르트 언덕은 해발 235m의 바위산으로 헝가리인을 가톨릭으로 개종시킨 이탈리아 선교사 성 겔레르트의 이름에서 유래한다고 한다. 이미 부다페스트를 보고 온 사람들의 말처럼 부다페스트의 야경은 화려했다. 프라하의 야경은 은은한 아름다움이라고 한다면 부다페스트의 야경은 화려한 아름다움이다. 화려하면서도 나름의 분위기를 간직하고 있다. 붉은

석양에서 검은 밤으로 넘어가는 시간의 공백을 부다페스트의
야경이 채운다.

다시 부다 왕궁으로 가서 마차시 성당의 야경을 감상한다.
낮에 보았던 모습과는 또 다른 매력을 발산한다. 어부의 요
새 역시 밤에 그 빛을 더 발산했다. 어부의 요새에 오르기 위
해서 낮에는 입장료를 내야 했다. 하지만 밤에는 무료다. 낮
에 밖에서만 봤던 나는 신나게 어부의 요새에 올라 부다페스
트의 야경을 실컷 감상한다. 마치 단단한 모래성을 만들어 놓
은 듯하고 그 안에서 불빛이 흘러나오는 것 같다. 나는 천천
히 부다페스트의 야경을 음미한다. 계속 바라보다가 하루 더
있고 싶은 생각이 든다. 고개를 저으며 나는 생각한다. 크로
아티아가 나를 기다리고 있다고.

야경 투어의 하이라이트인 국회의사당 앞으로 간다.

어부의 요새에서 본 야경

그런데 무슨 일인지 어제와 오늘 연이어 국회의사당의 야간 조명이 꺼져 있다. 가이드도 이런 경우는 처음 봤고 어떤 사정인지 현지인한테 물어도 알 수 없다고 한다. 아쉽지만 다음 기회를 기다려야겠다. 언제 다시 또 와보라는 부다페스트의 메시지로 받아들이고 마지막 포인트인 영웅광장으로 향한다. 영웅광장은 헝가리 건국 1,000년을 기념하기 위해 1896년에 만들어졌다고 한다. 광장 가운데에는 기념비가 있고 주변에는 초대 국왕 이슈트반 1세부터 헝가리의 위대한 영웅들의 동상이 있다. 총 14명의 동상이 광장을 지키고 있다.

영웅광장의 헝가리 영웅 동상

화려한 부다페스트의 야경 투어를 마치자 그 화려함이 내 머릿속에 선명하게 남았다. 부다페스트의 야경은 화려한 아름다움이었다. 도나우강과 함께 부다 지구 그리고 페스트 지구를 함께 연결해서 밝혀주는 세체니 다리까지.

부다페스트의 야경은 새벽 1시까지 볼 수 있다. 조명이 새벽 1시에 꺼진다. 밤을 연장하고 싶게 하는 부다페스트의 야경이다. 화려하면서도 영롱하며 신비로운 느낌을 주는 것 같다. 조명이 꺼지기 전에 이 밤의 끝을 잡아 본다.

41

기차에서 만난 사람들

기차 여행의 낭만

    유레일 패스로 유럽여행을 하며 가장 많이 이용하는 이동 수단은 기차다. 기차에서 함께 배낭을 멘 많은 여행객을 만나고 '같은 열차'를 탔다는 동질감에 서로에게 미소를 더 보낸다. 그리고 말 한마디를 더 건넨다. 프라하에서 크라쿠프로 향하는 야간열차에서 만난 알콩달콩한 네덜란드 커플, 크라쿠프에서 비엔나로 갈 때 만났던 가족이 생각난다.

    기차를 타고 목적지로 가는 동안은 여러 명의 사람들이 내가 탄 칸을 거쳐 갔다. 골든리트리버를 데리고 탄 사람이 내리고 잠시 혼자였다가 다시 함께 여행하는 엄마와 아들이 탔다. 스케이트보드를 소중히 여기며 위에 짐 선반에 올린다. 9살 정도 돼 보이는 아이는 카드를 꺼내 섞더니 엄마와 카드놀이를 한다. 건너편에 앉은 꼬마 아가씨는 미미 인형을 나에게 자랑하듯 쓰다듬는다. 일요일의 기차에서의 풍경이다.

비엔나에서 부다페스트로 갈 때 20대 초반의 젊은 커플을 만났다. 내가 가진 유레일 패스 덕분에 1등석에 탈 수 있는데 나는 일부러 2등석에 탔다. 2등석에는 더 저렴하게 유레일 패스를 구입한 Youth 친구들이 있다. 나는 나이 때문에 Youth 적용을 받지 못했지만 1등석에 타고 되고 2등석도 가능하다. 덕분에 나는 핀란드에서 온 그들과 두 시간 내내 수다를 떨었다. 남자친구는 군대에 자원입대해서 1년간 복무하고 대학에 가기 위해 군에서 나왔다고 했다. 곧 다가올 9월부터 엔지니어링을 공부한다고 했고 여자 친구는 산업디자인을 공부하고 있다고 했다. 나 역시 엔지니어링을 전공했다고 하니 매우 흥미롭게 많은 것들을 물었다.

나는 어려운 점들도 많지만 그 과정에서 배우는 것이 굉장히 많다고 말했다. 나의 철강 엔지니어로서의 경험을 나누며 즐겁게 대화했다. 지금은 다른 분야인 코칭을 배우고 있고 이를 하드파워와 소프트파워의 개념으로 나누어 설명하니 흥미로워했다. 부족한 영어 실력으로 내가 가진 생각을 설명하기가 쉽지 않았지만 귀여운 커플은 내 이야기를 잘 들어주었다.

핀란드의 글로벌 기업에서 일하는 친구 승준이의 이야기를 하자 자신도 나중에 그 기업에서 일하고 싶다고 했다. 내 친구는 한국에서 그 글로벌 기업에서 일하다 핀란드에 있는 그 기업 본사에 몰래 입사지원하고 합격해서 갔다고 하니 젊은 커플이 낄낄대며 웃었다. 재미있는 상황이라며 함께 웃었다. 기차의 통로에 한 사람이 계속 서 있어서 우리가 앉아 있는 6개의 좌석이 있는 칸으로 들어오라고 그에게 말했다. 그가 좌석에 앉고 우리는 함께 이야기를 나눴다. 그는 슬로바키아인이었는데 영어를 할 줄 몰랐다. 대신 우리는 만국공통어 바디 랭귀지를 통해 소통했다. 피아노를 치는 그의 이름은 'Rudolf Kosa'였는데 유튜브에 검색하면 연주하는 모습을 찾을 수 있다고 했다. 나중에 인터넷 연결이 가능한 곳에서 찾아보니 유튜브에 그가 있었다. 많은 연주 영상과 노래하는 모습이 있었다.

핀란드 커플에게 나는 미리 사진을 찍어두는 게 어떻겠냐고 제안했다. 그들은 웃으며 나의 제안을 받아들였고 슬로바키아 친구에게 함께 사진을 찍자고 말했다. 나는 사인을 미리 받아야 한다고 농담을 건네며 한 번 더 함께 웃었다. 우리는 부다페스트에 도착할 때까지 이야기를 나누며 즐겁게 여행했

두 시간 내내 수다를 떨었던 기차 안에서

다. 짧은 만남이었지만 여행에서 누리는 만남의 즐거움을 만
끽할 수 있었다.

기차에서 만난 사람들 덕분에 여행이 더 풍요롭다. 만남
에 있어 금방 헤어질 것을 미리 염려하지 않는다. 그저 지금
이 순간, 만남의 기쁨 자체를 누린다. 그건 나만 느끼는 것이
아니다. 그 순간에 상대와 함께 느끼는 기쁘고 즐거운 감정이
다. 그리고 그 또한 인생이라는 여행의 여정 중 하나이다. 인
생의 만남에서도 이를 즐기고 싶다. 나중을 걱정하거나 판단
하지 않고 그저 사람과의 만남을 즐기고 인연을 소중하게 여
기는 것, 알고 있으면서도 마음에 잘 각인되지 않는다. 그러
나 여행에서 다시 새롭게, 더 깊게 마음에 새긴다.

Dubrovnik

Italy

Venezia

Part 4.

여행에서 배우는 인생

아름다운 곳은 가는 길이 고된 법

12시간 버스 여행 끝의 두브로브니크

크로아티아의 자그레브 시내 투어를 짧게 마치고 다시 버스터미널로 향했다. 12시간 동안 버스를 타야 한다. 오후 7시에 출발해서 내일 아침에 도착한다. 살짝 긴장된다. 한국에 있을 때 지방근무를 했기 때문에 4시간에서 5시간의 버스 이동은 충분히 훈련했다. 그리고 이번에 독일 드레스덴에서 프랑크푸르트로 올 때 7시간 버스 이동을 해냈다. 그런데 12시간의 버스 이동은 조금 부담되는 게 사실이다. 세계여행을 하면서 러시아에서 72시간짜리 버스를 탄 사람, 안나푸르나 라운딩 트레킹을 한 사람이 지금 내 이야기를 들으면 피식 웃을

판이다. 이 정도 가지고선.

그렇다. 어깨를 펴고 나에게 자신감을 불어넣는다. 크게 스트레칭을 하며 버스를 기다린다. 드디어 12시간 동안 나를 긴장하게 할 버스가 도착했다. 현지 버스에서 아시아인은 내가 유일했다. 대부분 현지인들이었고 그들의 목적지는 대부분 두브로브니크로 가는 길에 있는 도시 스플리트였다. 12시간을 함께할 몇몇 여행객들과 눈인사를 나누고 좌석에 앉았다. 라디오에서 흘러나오는 신나는 크로아티아 음악과 함께 버스가 우렁차게 시동을 걸었다. 두 명의 운전사 아저씨들은 3시간씩 교대로 운전했다. 휴게소는 1시간에서 2시간마다 들렀는데 우리나라처럼 대형 휴게소가 아니라 작은 식당 같은 곳이었다. 나는 버스가 멈출 때마다 내려서 열심히 스트레칭을 했다. 일반 고속버스에서 12시간을 버티기 위해선 내 몸을 최대한 움직여야 했다.

두브로브니크에 가는 길은 정말 쉽지 않았다. 아름다운 풍경을 보여 주기 전 험난한 길을 제공해서 감동을 더 크게 할 것인가 보다. 가는 길에 두 번이나 여권 검사를 했다. 이는 두브로브니크 바로 위에 있는 해안도시 네움이 보스니아-헤르체고비나의 연방 땅이기 때문이라고 한다. 잠이 들었다가 깨기를 반복하고 여권 검사를 마치자 굽이진 도로를 달린다. 두 번의 여권 검사 말고도 험난한 길이 계속 이어진다. 시간은 새벽 5시를 넘기고 있다. 밖은 여명이 밝아오기 시작했다.

어쨌든 나는 두브로브니크에서 첫날, 일출과 함께 달리고 있다. 우리나라의 아름다운 도시 거제도 해안도시를 달리듯 내가 탄 버스는 전진했다. 창밖으로 펼쳐지는 해안도시의 풍경도 아름답고 신선했다. 새벽이 뿜어내는 신선함과 함께 아침을 천천히 열어주었다. 그리고 드디어 두브로브니크에 도착했다. 나는 생각한다. '아름다운 곳은 가는 길이 고된 법' 지금 내 눈 앞에 펼쳐진 풍경이 그 말의 뜻을 말해주고 있다.

밤새 버스에서 허리를 세운 채 고생한 나의 피곤은 어디로 가고 나는 멋진 풍경을 에너지로 받아들였다. 환전을 하고 숙소를 찾아 나선다. 그런데 갑자기 나의 왼쪽 발목이 뜨거워진다. 깜짝 놀라 다리를 보니 엄지손가락만한 말벌이 내 발목을 쏘았다. 나를 환영해 주는 크로아티아의 말벌이 정신을 번쩍 들게 해준다. 제대로 보고 가라는 경고인가. 다리가 부어오르기 시작한다. 그래도 다행인 건 더 위험한 부위가 아닌 다리에 쏘인 것이고, 걷는 데는 문제가 없다는 점이다. 가려운 건 참으면 되고 부기는 며칠 있으면 빠질 것이다. 따끔한 환영 속에 나는 두브로브니크에 왔다.

43

두브로브니크의 태양이 하는 일

아드리아 해의 진주, 두브로브니크

두브로브니크의 거리 구경을 마치고 숙소로 왔다. 체크인을 마치고 밤새 달려온 내 몸에 휴식을 준다. 나는 오후 3시부터 6시까지 내리 세 시간을 푹 잤다. 개운하게 일어나서 산책 갈 채비를 한다. 아름다운 아드리아 해를 바라보며 두브로브니크 성곽을 산책할 생각이다. 감사하게도 한낮보다는 햇볕의 강도가 줄어들고 바람도 분다. 걸으면 조금 덥긴 하지만 푸른 아드리아해와 두브로브니크의 하늘이 더위를 식혀줄 것이라 믿고 밖으로 나선다.

구시가지 입구에 닿기 전부터 성벽이 보인다

두브로브니크의 성벽은 수많은 외세의 침략을 막았다. 10세기에 만들어진 성벽은 15세기 오스만튀르크의 위협에 대항해 더 견고하게 증축되었다고 한다. 총길이는 약 2km이고 높이는 25m로 두브로브니크 구시가지를 감싸고 있는 보호막이다. 지금은 관광 명소로 사용되는데 성벽에 오르면 구시가지와 아드리아해를 함께 감상하는 호사를 누릴 수 있다. 나는 필레 문 입구를 통해 성벽에 오른다. 우선 한쪽 턱에 걸터앉아 성벽의 구조를 감상한다. 지나가는 사람들을 보며 이 멋진 풍경을 천천히 누려볼 마음의 준비를 한다.

성벽은 혼잡을 피하기 위해 한쪽 방향으로만 갈 수 있게 되어 있다. 시계 반대방향으로 이 멋진 공간을 함께 여행하는 사람들이 푸른 하늘 아래 걷고 있다.

성벽 안쪽으로는 따뜻한 햇살에 반사되어 붉은색 빛을 내는 지붕의 아기자기한 집들이 가득하다. 일어나서 시계 반대 방향 대열에 합류한다. 사진으로만 봐왔던 붉은색 지붕은 실제로는 매우 평범했다. 우리나라의 기왓장과 다를 게 없었다. 그런데 작은 집들이 함께 모여 있어 아름다움을 만들어 내고 있었다. 그리고 붉은색 지붕과 환상적인 조화를 나타내는 것 역시 우리가 매일 보는 푸른 하늘이다. 그 둘의 조화에 한 가지가 더 있다. 바로 검푸르고 드넓은 아드리아해이다. 성벽에 올라서 이 세 가지의 조화를 보는 기분은 끝장하다. 상쾌하면서 시원하고 마음이 탁 트이는 기분이다. 고개를 돌리면 끝없는 수평선을 드러내는 바다가 있고 하늘이 있으며, 다시 고개를 돌리면 예쁜 집들이 옹기종기 모여서 빛을 내고 있다. 나는 촌놈처럼 이리저리 고개를 돌리다가 정신을 차린다. 다시 천천히 걷고 천천히 하나씩 감상한다. 잠시 영롱한 조화에 넋을 잃었던 것 같다.

하늘과 지붕, 그리고 바다까지 조화로운 두브로브니크

사람들은 구시가지의 모습과 하늘과 바다 그리고 자신의 모습을 카메라에 담는다. 성벽 한쪽에서 한참 동안 바다를 바라본다. 멀리 크루즈가 지나간다. 검푸른 아드리아해를 가르며 지나가는 모습이 그림 같다. 오히려 그냥 바다만 있으면 밋밋할 것 같다는 생각이 들 정도로 크루즈는 아드리아해에 잘 어울린다.

근처 붉은색 지붕의 2층 테라스에 남녀가 보인다. 아래에 영국 국기가 보인다. 숙소에서 바로 이 아름다운 풍경을 그대로 느끼고 있는 관광객들이다. 두브로브니크를 비추고 있는 태양은 붉은색 지붕을 비춰 지붕이 아름다운 빨간빛을 낼 수 있게 한다. 그리고 검푸른 아드리아해를 비춰 그 푸름을 세상에 알리며 푸른 하늘도 이 조화에 함께 할 수 있도록 돕는다. 두브로브니크를 비추는 태양은 여러 가지 멋진 역할을 아주 여유롭게 해내고 있는 듯하다.

성벽 전체를 산책하는 데 약 두 시간 정도 소요되는데 필레 문에서 시작해서 절반 정도 가면 바다 쪽을 향해 카페가 있다. 환상적인 풍경을 바라보며 음료를 즐길 수 있기 때문에 당연히 인기 만점이다. 앉을 자리가 없다. 나는 이 아름다운 도시를 산책하는 것만으로도 이미 흐뭇하기 때문에 마음의 욕심이 더 이상 생기지 않는다.

아드리아 해 위에 뜬 태양과 항구의 풍경

함께 걷는 관광객들은 연신 감탄을 내뱉으며 카메라 셔터를 누른다. 그러고는 한쪽에 앉아 천천히 풍경을 감상하며 분위기를 즐긴다. 나도 종종 쉬어가며 그 분위기에 동참했다. 한쪽에는 성벽의 진짜 역할을 나타내는 포가 보인다. 바다를 통해 침략하는 적을 향해 있다. 두브로브니크를 지켰던 역사의 역할들일 것이다. 걷다 보니 오전에 갔었던 항구도 발밑으로 보인다.

산책을 시작한 시간은 오후 6시 반이다. 8시 반에 해가 지기 때문에 산책을 마칠 때 즈음이면 석양을 볼 수 있다. 이제 푸른 하늘과 파란 바다 그리고 붉은색 지붕이 석양에 물들어 가기 시작한다. 풍경이 점점 더 익어가는 듯 아름답다. 싱그러운 열매가 알맞게 익어가는 것 같다. 멀리 보이는 물든 석양의 색은 붉은색 지붕과 환상의 짝꿍이다. 구시가지의 붉은

멋진 석양과 조화를 이루는 두브로브니크

색 지붕들이 발산하는 빛이 먼 바다에 도착해서 바다를 물들이는 것만 같다. 내 마음도 알맞게 익어가는 기분이다.

두브로브니크의 태양은 서쪽 산 너머로 점점 내려가고 있다. 사실 지구가 자전을 하며 태양 주위를 공전하기 때문에 내가 서 있는 지구가 태양을 멀리 떠나오는 것인데 괜히 태양이 가는 것 같다. 다른 때보다 더 아쉽다.

두브로브니크의 태양은 마치 하루 동안 자신의 역할을 충실히 수행한 듯이 만족하며 서쪽 하늘로 기울어져 갔다. 구시가지의 붉은색 지붕들을 비춰 도시를 감성적으로 물들였고, 검푸른 아드리아해가 파랗게 빛날 수 있도록 했으며, 하늘이 푸르게 빛날 수 있도록 하늘 높이 솟아 있었다. 마지막에는 이 아름다운 도시를 더욱 아름답게 물들이는 넉넉함까지 베풀었다. 세상을 비추는 같은 태양이지만 두브로브니크의 태양은 더 많은 역할을 하는 것 같다. 태양이 서쪽 산 너머로 멀어질 때는 오늘 내가 할 일을 충분히 해냈으니 내일을 위해 휴식을 취하러 가야 한다고 말하는 것처럼 보인다. 넘어가는 해를 보니 괜히 내가 다 뿌듯하다. 태양에게 고맙다고 인사하고 나는 아드리아해의 진주, 두브로브니크의 성벽 산책을 마쳤다. 영국의 극작가 조지 버나드 쇼는 이렇게 말했다.

"진정한 낙원을 원한다면 두브로브니크로 가라."

44

여행 : 걷는 즐거움

여행에서의 발견

　배낭여행에서 각각의 하루 중 가장 많이 하는 활동은 걷기다. 나는 걷는 걸 좋아한다. 걸으면 기분이 좋아진다. 걸으며 눈에 들어오는 풍경을 감상하고 사람들을 바라보고 내 몸의 움직임을 느껴보는 것을 좋아한다. 걷는 것 자체에 집중하면 잡념이 사라지기도 한다. 그냥 걷는 것 자체에 몸을 맡길 때 마치 명상과도 같은 효과가 나타난다. 특히 이번 여행에서와 같이 장기간 여행을 하는 경우, 또한 빡빡하게 세운 일정이 없는 자유로운 여행에서는 그 재미가 더 크다. 그냥 걷는 것이다. 아무 생각 없이 걷기도 하고 그러다가 어떤 생각이 들어오면 그 생각에 골똘하게 빠져보기도 한다. 다시 그 생각이 나가면 멍하니 걷다가 또다시 새로운 생각을 받아들이기도 한다.

이번 배낭여행에서 아마 하루 평균 두 시간씩은 걸은 것 같다. 도시의 곳곳을 구경하러 다니기 위해, 맛있는 음식을 찾기 위해, 숙소로 돌아가기 위해 걷고 또 걸었다. 발에 물집이 한 번 잡히긴 했지만 그 후로는 괜찮다. 푹신한 나의 러닝화 덕분이다. 멋 부리지 않고 기능만 보고 가져온 오래된 나의 러닝화가 참 대견하다. 그리고 고맙다.

하루 평균 두 시간씩 한 달간 걸으면 어떻게 될까? 발 관리는 잘해서 문제가 없다고 치자. 그럼 또 어떤 문제가 생긴다는 말인가. 문제가 아니라 좋은 점이 생긴다. 몸이 더 건강해진 느낌이 든다. 사실 여행 초반에는 하루에 세 시간씩 걷는 강행군으로 무릎도 아프고 피곤이 한꺼번에 몰려오기도 했다. 하지만 적응이 되면 오히려 몸이 건강해진 느낌을 받는다. 나에게는 지금이 그렇다. 허리가 좋지 않은 경우에 걷기가 가장 좋은 운동이라고 한다. 그것도 평지를 걸을 때가 좋다. 허리를 받쳐주고 있는 척추기립근을 포함해서 골반과 다리 전체를 골고루 움직여주기 때문이다.

회사에 다닐 때 좋지 않은 자세로 나빠졌던 허리 건강이 이번에 해소된 느낌이 든다. 예전보다는 계속해서 좋아졌는데 이번에는 골반 전체에 있던 뻐근한 느낌이 없어졌다. 그러고 보면 평소에 얼마나 덜 걷고 운동이 부족했는지 새삼 반성하게 된다. 걷기를 좋아한다는 말을 아무렇지도 않게 하면서도 걷기를 충분히 즐기지 않았던 것 같다.

여행에서 걸을 때 행복감을 느끼는 이유는 무엇일까? 걸으며 눈이 느끼고 몸이 느끼는 이유가 있을 것이다. 또 한 가지 이유는 스스로 걷는 속도를 조절하는 느낌이다. 책 『여행하는 인간』의 저자 정신과 전문의 문요한 씨는 말한다. 스스로 걷는 속도를 조절하는 것이 내가 시간을 조절하고 있다는 느낌을 주는 것이라고. 그것이 행복감을 준다고 나는 생각한다. 걷는 것은 우리가 알고 있는 휴식의 형태가 아니라고 생각할 수 있다. 하지만 휴식과 같이 행복감을 주고 치유의 감정을 느끼게 해주기 때문에 이 역시 분명 휴식이라고 나는 생각한다. 걸으면 스스로 걷는 속도를 조절하며 하고 싶은 대로 할 수 있다. 보고 싶은 풍경을 감상하고 사람들을 바라보기도 한다. 쉬고 싶으면 앉아서 쉬고 멍하니 풍경을 바라보기도 한다. 이것이 진정한 휴식의 의미이다.

문요한 씨는 진정한 휴식은 여유 시간이 많을 때가 아니라 시간에 대한 주도권을 되찾을 때 찾아온다고 말한다. 그의 말처럼 걸을 때 스스로 조절하는 여러 가지 활동이 여행의 주인이 나라는 자각을 하게 한다. 이것이 시간에 대한 주도권을 느끼게 해 주고 여행에서의 행복감을 준다. 마찬가지로 인생이라는 여행에서도 시간이 많을 때가 아니라 시간에 대한 주도권을 가질 때의 기쁨을 느낀다는 것을 다시 상기하게 된다.

우리의 내면의 가능성은 무한하듯이 우리의 몸도 충분히 잘 회복할 수 있음에도 우리의 제한된 의식이 몸까지 그렇게 만들고 있지는 않을까 하는 생각을 한다. 나는 아직 충분히 젊고 내 몸도 충분히 회복하고 건강해질 수 있다는 점을 다시 깨달았다. 운동을 규칙적으로 해야겠다. 여행을 통해 건강까지 얻은 기분이다. 하루 두 시간 걷기의 효능이 여행 한 달이 지나자 나타난다. 몸이 가볍고 움직이기 편하다. 몸무게가 빠진 건 아닌지 궁금해서 한 숙소에서 몸무게를 쟀다. 그대로였다. 그렇다면 몸이 유연하게 됐다는 뜻이다. 여행을 통해 나는 또 하나의 선물을 받는다. 이미 알고 있었음에도 실천하지 않았던 혹은 내 생각이 가로막고 있던 것을 내가 풀어냈다. 결국 내가 해낸 것이지만 그 실마리를 여행이 줬다. 그렇게 여행은 계속해서 나의 인생에 선물을 준다. 오늘도 밖으로 나가 양손을 앞뒤로 흔들며 힘차게 걷는다.

45

배낭여행 도중 가장 많이 드는 생각

여행을 통해 인생을 바라보다

배낭여행을 하며 내 눈에 가장 많이 들어오는 건 사람이다. 그 사람은 누군가의 아들, 딸이고 누군가의 엄마, 아빠다. 또는 형제자매이다. 그 사람들을 보며 가장 많이 드는 생각은 무엇일까. 나는 생각한다. 살아가는 데 가장 중요한 것은 사랑이라고.

어딜 가든, 누굴 만나든 그곳에는 사랑이 있다. 그래서 아름답다. 나는 생각한다. 앞으로 더 사랑하며 살겠다고 말이다. 나는 내가 만날 연인을 끝없이 많이 사랑할 것이고 내가

여행에서 사람들의 아름다운 사랑이 보이기 시작했다

꾸릴 가정과 가족에게 사랑을 듬뿍 나누어 줄 것이다. 사람을
아름답게, 인생을 풍요롭게 해주는 것의 궁극에는 사랑이 있
다. 이렇게 생각하는 것만으로 내 마음은 풍요롭다. 앞으로
살아갈 인생을 나는 사랑으로 살 것이다.

배낭여행을 하며 내 눈과 가슴에 들어오는 사랑의 빛은 나
에게 뜨거운 열정을 준다. 정말 어딜 가도 많은 사람들 속에
서도 공통적으로 발견할 수 있는 것이 사랑이다. 이 사랑을
통해 나는 과거를 돌아보고, 현재를 바라보고, 미래의 의지를
다짐한다. 아름다운 사랑과 함께 나에게는 더 행복하게 살 자
신감이 솟구친다.

46

자유 그 자체,
두브로브니크를 내려다보다

일출 감상

눈을 뜨니 사방이 조용하다. 시간은 새벽 4시 10분. 눈을 뜬 것에 감사하며 일어났다. 일찍 일어나기 위해 어젯밤 10시에 잠자리에 누운 덕분이다. 오늘은 크로아티아에서, 두브로브니크 스르지 산에서의 일출을 보기로 나와 약속한 날이다. 호스텔의 다른 친구들이 새벽에 깨지 않도록 조용히 옷을 입고 자기 전에 준비해두었던 준비물만 들고 바로 스르르 호스텔을 나선다.

밖은 아직 어둠이 짙게 깔려 있다. 하지만 신선함이 밀려오는 새벽 공기가 한밤중이 아닌 아침으로 가는 길목의 분위기를 선사한다. 거리에는 차 몇 대가 종종 오가고 사람들도 거의 보이지 않는다. 스르지 산에 오르는 입구를 헤매지 않기 위해 어제 미리 지도를 잘 봐 둔 덕분에 여유 있게 걷는다. 조용한 새벽의 기운과 분위기가 좋다. 정신은 또렷하고 맑다. 천천히 스르지 산을 오르기 시작한다.

스르지 산은 해발 451m의 그리 높지 않은 산이다. 하지만 산 정상에 오르면 두브로브니크 구시가지를 한눈에 볼 수 있다. 아드리아해의 진주라고 부르는 두브로브니크가 왜 바다 위의 진주인지 그 모습을 보게 된다. 케이블카로도 올라갈 수 있지만 나는 관광지에서 등산과 함께 일출을 보기 위해 새벽에 일찍 일어나는 선택을 했다. 스르지 산에 오르는 등산로는 지그재그로 되어 있어서 오르는 길에 점점 더 확대돼서 펼쳐지는 풍경을 감상할 수 있다.

어둠 속 조명과 함께 빛나는 도시의 모습을 보는 재미도 있다. 조용한 어둠을 빛이 소리를 내는 듯 밝히는 모습이 아름답다. 지그재그 형태의 등산로를 오르며 조금씩 그 모습을 더 드러내는 도시가 점점 밝아지기 시작한다. 산의 높이가 그리 높지 않지만 등산로 자체는 꽤 길다. 천천히 오른다고 하지만 숨이 차오르기 시작한다. 등산 초반에는 어두워서 휴대폰 조명을 켜고 등산로를 따라 걸었다. 조금씩 밝아지자 정상이 보이기 시작한다.

정상에는 송신탑이 보인다. 그런데 산에 오르기 시작할 때부터 들리던 음악소리가 점점 크게 들린다. 나는 일찍 등산한 사람이 정상에서 음악을 틀어 놓은 줄 알았다. 그런데 점점 정상에 가까워질수록 의구심이 든다. 음악이 주로 클럽에서 울려 퍼지는 음악 장르이기 때문이다. 정상에 오르자 궁금증이 해소되었다. 신기하게도 어젯밤부터 이곳에서 있었던 모양인 듯 파티가 이 시간까지 이어지고 있었다. 젊은 친구들은 피곤하지도 않은지 아직 열렬히 춤을 추고 있다. 일부 취한 사람들도 보이지만 여전히 음악에 몸을 맡긴 친구들이 많다.

송신탑에서의 파티와 산 아래의 풍경

마침 물도 가져오지 않았고 갈증이 심하게 났던 나는 한쪽 Bar에서 물을 사서 벌컥벌컥 들이켠다. 산이 그리 높지 않을

일출을 보다

것이라고 생각해서 물도 챙겨 오지 않았다. 얼굴에는 땀이 흐르고 나는 연신 물을 목구멍으로 쏟아냈다. 갈증이 해소되자 주변이 눈에 들어온다. 이제 곧 해가 뜰 시간이다. 하늘이 많이 밝아졌다. 일출을 미리 알리는 빛이 산란된다.

　사실 스르지 산에서 해가 뜨는 동쪽은 먼 산 쪽이다. 바다에서 떠오르는 멋진 광경은 아니지만 이번 배낭여행 중 처음 보는, 해외에서 처음 맞이하는 일출이니 그걸로 만족한다. 멀리 떠오르는 크로아티아의 해를 보며 내 가슴을 채운다. 여러 가지 역할을 해내는 크로아티아의 해는 오늘도 힘차게 솟아올랐다. 그리고는 아드리아해와 아드리아해의 진주 두브로브니크를 비추기 시작했다. 나는 다시 한번 해의 역할에 감탄

을 쏟아냈다. 두브로브니크는 해가 비춰야 그 아름다움을 세
상에 알리는 것만 같다. 아드리아해 역시 마찬가지다.

나는 스르지 산에서 아드리아해의 진주를 가장 멋지게 감
상할 수 있는 자리를 찾아 나선다. 사실 모 연예인이 와서 찍
었던 자리가 마음에 쏙 들었기 때문이다. 나는 그 자리를 찾
기 위해 거의 한 시간 정도를 헤맸다. 봐 두었던 사진의 풀 모
양, 바위 모양까지 맞춰가며 겨우 찾았다. 찾는 재미가 있어
서 그런지 한 시간이나 지난 줄도 몰랐다. 그사이 조금 더 올
라온 해가 더 밝게 빛나고 있다. 내가 찾은 명당에서 아드리
아해의 진주, 두브로브니크를 가슴에 담는다. 정말 아름답다.
어제도 그랬지만 아드리아해와 붉은색 지붕, 그리고 파란 하
늘이 끝내주는 조화를 이룬다.

해가 뜨고 난 뒤의 두브로브니크를 배경으로

나는 이 멋진 풍경을 감상하며 지금에 감사한다. 이렇게 길게 혼자 여행을 할 시간을 앞으로는 갖기 어렵다는 것을 알기에 나는 더욱 감사한 마음이 생긴다. 지금 여기, 이 순간을 만끽하며 활짝 웃어본다. 그리고 이 그림 같은 배경에 건강하게 그을린 나를 담아본다.

　산을 내려가는 길은 또 다른 선물이었다. 천천히 내려가며 다시 이 아름다운 도시 감상을 이어간다.

47

아드리아해를 건너다

바다 건너 크로아티아에서 이탈리아로

크로아티아 두브로브니크에서 이탈리아 바리로 향하는 배를 타기 위해 항구에 도착했다. 이탈리아로 가는 많은 관광객들이 보인다. 여권을 보니 현지인이 훨씬 많았다. 입항해 있는 거대한 페리가 보인다. 나와 함께 아드리아해를 횡단할 친구다. 최소 5,000톤 급 이상 될 것 같다. 사실 이탈리아는 이번 여행에서 계획에 없었다. 베네치아에 가고 싶었는데 배로 가는 길이 쉽지 않아 보였다. 그런데 크로아티아에서 가는 배편을 알게 돼서 여행 경로를 바꿨다. 크로아티아의 다른 도시에 가는 계획을 없애고 두브로브니크만 만끽했다. 배낭여행

나를 이탈리아로 데려다 줄 페리의 외부와 내부

은 이런 재미도 있다. 언제든 계획을 변경할 수 있다. 꼭 정해진 길로만 가지 않아도 된다.

큰 배낭을 등에 메고 매우 큰 배에 오른다. 여권 검사를 마치고 배에 오르는데 절차가 그다지 까다롭지 않다. 승무원들의 안내를 받아 Deck로 간다. 함께 이동하는 여행객들의 목소리에서 기대감과 흥분이 느껴진다. 배를 타고 아드리아해를 건너 다른 나라에 가는 기분을 함께 한다. 날씨가 흐려서 조금 아쉽지만 이탈리아로 가는 길에 분명 날씨가 바뀔 것으로 기대해 본다.

이탈리아 바리까지는 7시간 반이 걸린다. 내가 예약한 좌석은 Deck이다. 선실은 두 배 정도 비싸다. 12시에 타서 오후 7시 반에 도착하니 Deck면 충분하다. 일찍 배에 오른 덕분에 괜찮은 자리를 잡았다. Deck 자리는 바닥에 부착된 테이블과

의자 또는 페리 안의 레스토랑 같은 곳에 앉아도 된다. 레스토랑 또는 Bar에 있는 자리를 보자 잠시 탐이 났지만 이내 내 자리가 더 좋다고 생각을 바꾼다. 거긴 너무 시끄럽다. 조용하게 아드리아해를 감상할 수 있는 내 자리가 좋다.

옆 테이블의 일본인 여행객에게 인사를 건넸다. 타케라는 이 친구는 일본 자동차 회사에서 일하는데 지금은 캐나다에 해외 파견을 나가 있다고 했다. 여름휴가를 맞아 크로아티아와 이탈리아를 여행한단다. 그는 여름휴가가 일주일밖에 되지 않아 빨리 돌아야 한다고 내게 말했다. 캐나다에서의 일은 어떤지, 일본에서와 캐나다에서의 스시 맛이 어떤지 등 소소한 궁금증들을 나는 그에게 풀어냈다. 오랜만에 만난 아시아인이 반갑다. 두브로브니크에서는 호스텔에 묵었는데 아시아인이 나뿐이었다.

아직 출항까지는 30분 정도 남았다. 나는 일어서서 배의 이곳저곳을 둘러 봤다. 해군에서 배를 탔고 함정근무가 녹록지 않았음에도 나는 배가 좋고 바다가 좋다. 고생한 만큼 기억에 많이 남듯이 나에게 배가 그런 것 같다. 힘들었던 추억을 살며시 웃으며 떠올리는 행복이 있다. 추억의 아름다움을 나는 선물 받는다. 함정 근무할 당시 내가 맡은 일은 소방 및 화생방 관련 훈련과 시설 관리, 함정 내 모든 파이프를 유지,

Deck 좌석은 먼저 자리 잡으면 어느 곳이든 앉을 수 있다

보수하는 일이었다. 파이프는 화장실의 변기 파이프도 포함했기 때문에 배에서 변기가 막히면 나는 늘 부름을 받았다. 온갖 오물을 여러 번 뒤집어쓰고 물과의 전쟁도 여러 번 치렀다.

페인트칠을 하거나, 식판을 닦는 일, 각종 작업원 차출 등의 자잘한 일들도 떠오른다. 나는 운 좋게도 해군에서 배를 타고 13개 나라를 가 보는 값진 경험을 했다. 아마 그런 행운이 있었기에 힘들었던 일들도 더 아름다운 추억으로 나에게 보상이 되는 것 같다.

아드리아해는 어떨까. 광활한 바다가 호수같이 펼쳐질까, 아니면 높은 파도와 함께 그 위용을 드러낼까. 아드리아라는 부드러운 이름만으로 보면 호수같이 잔잔한 바다를 보여줄 것만 같다. 내가 태평양에 나갔을 때는 정말 호수보다 고요한 바다도 있었다. 그곳에서 바라본 석양은 잊을 수 없다. 온통 바다밖에 없고 오로지 지는 해와 배 위의 나뿐이었다. 아드리아 해를 횡단하는 시간은 일출도 일몰도 아닌 시간이지만 아드리아 해를 건넌다는 것만으로도 설렌다.

드디어 출항이다. 나는 함미로 나가 멀어지는 두브로브니크를 바라봤다. 스크류가 힘차게 바다를 가르며 배를 전진시켰다. 익숙한 출항의 모습이 펼쳐진다. 멀어지는 풍경에 내가 탄 배보다 훨씬 큰 크루즈가 보인다. 여행객들이 함께 출항의 설렘을 나눈다. 여기저기에서 웃음소리가 들린다. Deck에는 바닥에 앉은 사람들이 많아졌다. 배가 고파진 나는 배에 오르기 전 사둔 샌드위치를 우적우적 씹는다. 아침에도 빵을 먹었지만 연속된 빵의 행렬이 이젠 익숙해졌다.

배는 천천히 드넓은 아드리아 해로 나아가기 시작했다. 협수로를 지나면 배는 더 힘차게 아드리아해를 가를 것이다. 아드리아해는 이탈리아와 크로아티아 사이에 있는 바다로 그 아래에는 이오니아해가 있고 그 아래로는 지중해가 이어진다. 아드리아해는 평온했다. 그러면서도 거대한 물의 움직임을 지니고 있다. 엄청나게 큰 질량의 묶음이 조화롭고도 힘차게 움직이는 모습이다. 청명하게 맑은 파란 바다를 드러내며 우리 뱃길을 안내했다. 넘실넘실 파도는 은은하니 좋았고 흐

렸던 날씨도 다시 맑아져 바다색에 가까워지기 시작했다.

외부 갑판으로 나가봐야겠다. 바다를 함께 바라보는 사람들의 모습이 아름답다. 바다를 감상하며 여행하는 것은 참 낭만적인 것 같다. '같은 배'를 탔다는 공동체 의식이 자연스럽게 부여되고 동시에 바다와 같이 내 마음이 넓어지는 것만 같다. 이를 함께 나누는 건 낭만이다.

함수로 가봐야겠다. 바다를 가장 먼저 가로지르는 그곳 말이다. 바다를 바라보며 걸터앉아 바다를 한참 바라본다. 이제는 어딜 둘러봐도 바다다. 저 멀리 보이는 것도 바다고, 고개를 좌우로 돌려봐도 바다다. 햇빛이 바다에 부딪히고 반사되어 다시 사람을 비춘다. 마치 내가 직접 배를 몰고 있는 듯하다. 아드리아해는 천천히 그리고 편안하게 우리를 안내했다.

맑고 푸른 아드리아 해

아드리아해의 색은 맑은 파란색이다. 진하지 않으면서

도 속을 드러내는 시원한 파란색이다. 맑은 파란색은 그것들과 부딪히거나 배에 부서져 새하얗게 변한다. 그러고는 하늘색으로 변하고 다시 맑은 파란색의 바다와 합쳐진다. 햇빛은 이 맑은 파란색을 쉽게 통과하는 듯했다. 깨끗한 아드리아 해를 바라보면 내 마음도 깨끗하게 씻기는 기분이다. 먼 바다에 나오면 바다 향기가 달라진다. 뭍에서처럼 짠 내가 나지 않고 깊은 바다의 향이 은은하게 난다. 마치 그 거대함을 뽐내듯이 매우 옅은 농도의 바다 향이 기분 좋게 코끝을 간지럽힌다.

아드리아 해를 건너 마침내 이탈리아 땅이 보인다. 함수에 가서 배에서 만난 일본인 친구 타쿠와 이야기를 나누던 중 멀리 새로운 영토가 보였다. 이탈리아다. 입항이 가까워지자 함수에 사람들이 많아졌다. 타쿠와 이런저런 이야기를 오랫동안 나눴는데 옆에서 우리 이야기를 듣던 캐나다에서 온 여자가 말을 걸었다. 타쿠가 캐나다에 살고 있다고 하니 반가워서 말을 걸었다고 했다. 선생님인 그녀는 방학을 맞아 휴가를 왔다며 반가워했다. 이태리 음식 이야기가 나오자 그녀는 더 이상 참을 수 없다며 빨리 먹고 싶다며 말을 이었다. 어느새 바리의 땅과 건물들이 눈앞에 펼쳐진다. 새로운 나라, 새로운 도시 그리고 맛있는 이태리 음식이 기대된다.

48

지나온 곳을 뒤돌아봤을 때

인생을 배우는 뒤돌아봄

여행을 하다가 문득 지나온 곳을 뒤돌아볼 때가 있다. 두리번거리며 지나온 거리를 뒤돌아보기도 하고 헉헉거리며 올라온 언덕에 올라 뒤돌아보기도 한다. 그럴 때면 몰랐던 아름다운 모습이 새롭게 보인다. 그래서 나는 여행 중에 자주 뒤를 돌아본다. 그러면 꼭 돌아본 모습이 더 멋진 풍경을 많이 만난다.

인생에서도 그렇지 않을까. 지날 때는 몰랐지만 그때가 좋았던 때가 있다. 막연하게 닥쳐서 한 일이었는데 지나고 보면 의미 있는 일인 적이 있다. 힘들었지만 돌아보면 내가 대견할 때가 있다.

그렇다면 그다음 드는 생각은 무엇일까. 바로 그 순간을 더 열정적으로 느끼며 살아야겠다는 다짐이다. 그게 삶이다. 살아 있는 것이고 살아가는 것이다. 그것이 인생이다. 그리고 가끔은 뒤를 돌아보며 추억의 아름다움을 음미하는 기쁨도 누려본다.

이번 여행을 통해 그 중요성을 다시 마음속에 각인시킨다. '지금 여기'를 충분히 더 느끼며 기쁨으로 행복하게 살고 싶다. 열정적으로!

안녕, 베네치아
이탈리아 베네치아에 도착!

예정에 없던 베네치아에 발을 디뎠다. 사실 오고 싶었는데 마음을 접었다가 여행 중 여행을 떠난 것이다. 크로아티아를 여행하고 다시 오스트리아로 올라가려던 경로를 크게 변경해서 바다를 건너고 기차를 타서 베네치아로 왔다. 말로만 듣던 수상 버스, 바포레토가 보인다.

베네치아 교통의 중심인 배, 그리고 수상 버스 바포레토

265

'물의 도시'라고 불리는 아름다운 항구도시 베네치아는 6세기경 시작되었다. 이주해 온 피난민들이 갯벌에 수백만 개의 말뚝과 돌을 박아 섬을 만들기 시작했고 수세기에 걸쳐 땅을 넓혀왔다. 바닷길과 땅 사이에 다리를 만들며 지리적 이점을 이용해 동서 무역으로 번성했다. 10세기경부터 부가 축적되기 시작했고 베네치아 귀족은 성당과 궁전을 짓고 예술가를 후원했다.

나는 기차를 타고 도착한 베네치아 산타 루치아 역에서 처음 마주한 베네치아를 보자마자 이렇게 말했다.

"어떻게 이럴 수가 있지?!"

그것은 부정의 표현이 아니라 진정한 감탄의 표현이었다. 바닷길 사이로 수상버스가 다니는 모습과 그 위에 형성되어 있는 아름다운 도시의 모습은 어느 여행자라도 처음 마주하면 감탄할 것이라 확신한다. 나는 바포레토 48시간권을 구입해서 숙소로 향한다.

흔들흔들 춤을 추며 승선장에 도착한 바포레토는 능숙한 승무원에 의해 멈춘다. 홋줄을 승선장에 단단히 고정하면 승객들이 내리고 탄다. 나는 바포레토에 올라 베네치아 본섬으

로 향했다. 내가 묵을 숙소는 베네치아의 상징이라고도 할 수
있는 리알토 다리 근처에 있다. 간단하게 체크인을 마치고 저
녁을 먹으러 나선다. 시계를 보니 거의 저녁 아홉 시가 다 되
었다. 간단하게 저녁을 해결하고 리알토 다리로 갔다. 시간이
늦었는데도 불구하고 많은 관광객이 베네치아의 야경을 카메
라에 담고 있었다. 리알토 다리에서 본 베네치아의 야경은 마
치 엽서에 나오는 배경 같았다. 나는 찍은 사진을 바로 휴대
폰 배경화면으로 설정했다.

붐비는 곳을 지나 한적한 곳에 앉아 잠시 베네치아를 감
상한다. 눈앞에는 고요한 바닷물이 흐르고 조명을 받아 빛나
고 있다. 종종 바포레토가 지나간다. 길가의 노천카페에는 여
전히 관광객들로 붐빈다. 세계적인 관광도시답게 베네치아에
온 첫날부터 그 느낌이 남다르다. 안녕, 베네치아!

멀리 보이는 리알토 다리

50

길을 잃어도 황홀한 도시, 베네치아

수상 도시를 헤매다

베네치아에서 길을 잃어보지 않은 사람이 있을까? 아마 관광객 누구라도 한 번 이상은 길을 잃어봤을 것 같다. 베네치아의 작은 골목들을 걷다 보면 지도를 유심히 보고 있는 관광객들을 자주 볼 수 있다.

둘째 날 아침, 나는 지도를 갖고 걷다가도 여러 번 길을 잃었다. 그런데 이상하게도 길을 잃고 들어서는 낯선 골목과 바닷길이 오히려 황홀했다. 길을 잃으면 다시 목적지를 향해 경로를 보며 정신을 차리곤 한다. 그런데 베네치아에서는 길을 잃어도 아름다운 풍경이 펼쳐지기 때문인지 그렇지 않다.

길을 잃고 마주한 거리에 신선한 과일 상점이 보인다. 작은 골목을 빠져나가니 바포레토 승강장이 있다. 그 옆에는 아침부터 분주한 화물을 운반하는 작은 배들이 보인다.

다시 걷다가 골목에서 마주한 풍경은 작은 다리 위에서 보는 곤돌라의 모습이다. 곤돌라는 베네치아의 낭만을 느끼게 해주는 작은 배다. 곤돌라는 '흔들리다'라는 뜻인데 물의 도시인 베네치아에서만 볼 수 있는 독특한 이동수단이다. 어느 골목을 봐도 볼 수 있는 모습이다. 관광객들은 곤돌라에 앉아 여유롭게 이 멋진 도시를 감상한다.

그리고 뱃사공은 관광 안내와 더불어 여유롭게 바닷물을 흔들며 이동한다. 뱃사공을 곤돌리에르Gondolier라고 부르며 자격시험도 보는데 곤돌라 조정 능력과 함께 영어, 역사, 문

골목 사이 아기자기한 상점과 다리에서 만나는 곤돌라

화 등 여러 분야에서 기준을 통과해야 한다고 한다. 그리고 곤돌라는 손으로 깎아 만들어지는데, 겉보기에도 무척 화려하고 많은 수고가 들어간 모습이 보인다.

작은 다리를 여러 번 건너자 작은 마을이 나온다. 마을처럼 보이는 이유는 가운데 광장과 같은 공간이 보이기 때문이다. 그곳에는 아이들이 뛰어놀고 근처 레스토랑에는 식사를 하기 위해 찾아온 관객들이 보인다. 광장의 가운데에는 과거에 공동 우물로 사용했던 것 같은 우물이 있다.

좁은 골목과 집집마다 다른 문의 장식과 색을 감상하며 걷다 보니 다시 운하가 나온다. 운하의 곳곳에는 앉아서 이 멋진 도시를 감상하는 사람이 또 보인다.

고개를 돌리니 시장이 보인다. 각종 채소와 과일을 파는 상인들의 모습에서 경쾌함이 느껴진다. 탐스런 과일들이 나

시장에서 판매하는 과일, 채소 그리고 꽃

탐스러운 과일을 파는 시장. 깨끗한 물이 나오는 곳이 있어 과일을 씻어먹는다

의 침샘을 자극한다. 나는 조각으로 파는 수박과 복숭아를 샀다. 근처에 물이 나오는 곳이 있어 그곳에서 바로 복숭아를 씻어 입으로 넣었다. 시원함과 달콤함이 입 안 가득 퍼진다.

　길을 여러 번 확인하며 산 마르코 광장에 도착했다. 나폴레옹이 '세상에서 가장 아름다운 응접실'이라고 말해서 유명한 곳인데 베네치아의 중심이다. 정말 많은 관광객들로 붐빈다. 그리고 96m 높이의 종탑이 눈에 들어온다. 그 옆에는 산 마르코 대성당이 있는데 이탈리아를 대표하는 비잔틴 양식의 건축물이라고 한다. 광장 끝으로 걸어가서 대종루와 광장을

산 마르코 광장과 대종루

함께 감상해본다. 96m의 대종루를 지나 바다가 보이는 트인
곳으로 가니 두칼레 궁전이 보인다. 이곳은 공식 관저로 사용
된 곳인데 과거에 화재 이후에 16세기에 르네상스 양식으로
재건축되었다. 건축물을 감상하며 바닷가 쪽으로 고개를 돌
린다. 정박해 있는 곤돌라들, 운하를 이동하는 바포레토가 보
인다. 조금 걸어가니 사람들이 한 건축물 사진을 찍고 있다.
'탄식의 다리'라고 하는 곳인데 두칼레 궁전과 궁전 옆에 있는

탄식의 다리에서 찍은 감옥의 모습

에메랄드빛 바다 위 베네치아의 풍경

감옥을 연결하는 다리이다. 그 이름은 재판에서 유죄를 선고

받은 죄수가 감옥으로 갈 때 '언제 다시 나갈 수 있을까'라는

생각에 탄식을 내뱉었다는 데에서 유래했다.

　　한 차례 바포레토를 타고 건너편에 보이는 산 조르조 마조

레 성당에 간다. 성당에 올라 멋진 풍경을 감상할 수 있기 때

문이다. 올라가서 감상하는 베네치아의 풍경이 황홀하다. 햇

빛이 바다에 부딪혀 에메랄드빛으로 산란된다.

노을 아래 산타 마리아 델라 살구테 성당 돔

해질 무렵에 나는 무작정 서쪽을 향해 걸었다. 이제는 베네치아에서 길을 잃는 것도 익숙해졌고 길을 잃어도 황홀한 느낌 때문인지 어딜 가도 발걸음이 가볍다. 불그스름하게 물들어가는 하늘과 함께 멀리 보이는 산타 마리아 델라 살루테 성당의 돔이 아름답게 보인다.

해질 무렵의 풍경

서쪽으로 지는 해가 베네치아의 바다와 물을 붉게 물들인다. 거리에는 한가롭게 책을 읽는 사람이 보이고 여럿이 모여 앉아 수다를 떠는 현지인들도 있다. 레스토랑들도 저녁 준비로 바빠 보인다. 동네의 꼬마들은 마치 우리네 어릴 적에 노는 것같이 신나게 논다. 해질녘이 다 되도록 신나게 노는 모습이 정겹다.

해가 지고 어두워진 베네치아를 걸으며 숙소로 향한다. 황홀했던 나의 기분은 밤에도 여전하다. 은은한 조명들로 작은 골목들이 비치고 운하들 양 옆의 오래된 건물들이 밝은 빛으로 운하를 빛낸다. 나는 다시 베네치아의 좁은 골목길들을 천천히 걸으며 아직 내 안에 남아 있는 황홀함의 여운을 숙소까지 끌고 간다. 길을 잃어도 황홀한 도시, 베네치아에서의 둘째 날을 마친다.

51

혼자 여행하는 것
나를 만나는 시간

유럽 배낭여행을 하며 혼자 여행하는 사람을 많이 만나지 못했다. 내가 본 대부분은 둘 혹은 셋, 또는 여럿이 함께 여행을 하고 있었다. 그중에는 혼자 왔다가 중간에 동행을 한 사람들도 있을 것이다. 어떤 이는 내게 물었다. "혼자 여행하면 어때요?" 나는 대답한다. "자유로워요. 혼자 뭐 먹을 때는 좀 외롭지만요."

혼자 여행하는 것의 가장 큰 좋은 점은 자유다. 자유롭다. 내가 가고 싶은 곳으로, 내가 하고 싶은 대로, 내가 먹고 싶은 대로 뭐든지 할 수 있다. 혼자 있는 것에 익숙한 사람이라면 혼자 여행하는 걸 더 즐길 수 있다. 혼자 여행할 때 자유롭다는 것을 자주 실감한다. 생각을 많이 하고 내 안의 나와 만나기도 하며 자유롭게 누군가에게 말을 걸기도 한다.

혼자가 어색할 때가 있다. 사람이 많은 레스토랑에 혼자 들어갈 때가 그렇다. 하지만 막상 들어갈 용기를 내서 자리에 앉으면 마음이 편안해진다. 음료와 음식을 고르고 천천히 주변을 관찰하며 눈을 즐겁게 한다.

시끌벅적하게 떠드는 사람들, 둘만 속삭이며 대화를 나누는 사람들, 나처럼 혼자 여행 온 사람들을 구경하는 것도 재미있다.

처음에만 어색하지 조금 지나면 오히려 즐겁다. 우리가 무언가를 하기 전에 살짝 겁먹었다가 막상 시작하면 할 만하다고 느끼는 것과 비슷하다. 할 만하다가 아니라 오히려 재미있다. 다른 사람을 관찰하는 것도, 내가 이 분위기를 즐기는 자체도 즐겁다. 운 좋게 라이브 음악이 있는 레스토랑에 앉으면 더할 나위 없이 행복하다.

내 몸이 절로 좌우로 움직이며 내 손은 맥주잔으로 자주 향한다. 함께 건배할 사람은 없지만 이 분위기에 건배를 할 수 있다. 오늘도 잔을 들어 올린다. Cheers!

" 우리는 여행을 통해 새로운 세상과 만난다.
하지만 더 중요한 만남은, 내 안에 감추어진
또 다른 나를 만나는 것이다.
여행은 밖으로 향한 만큼 다시 안으로
파고 들어오는 작용과 반작용이다.
그네를 타고 더 앞으로 날아오를수록 뒤로 더 멀어지듯이,
우리는 세상으로 더 멀리 나아갈수록
자신 안으로 더 깊이 파고들 수 있다.
때로는 한 번도 마주하지 못했던 색다른 나를 만날 수 있다. "

『여행하는 인간』 (문요한 저)

52

하루 세 끼 피자도 괜찮다

이탈리아에서 맛본 조각피자들

배낭여행 39일 째, 이탈리아 베네치아에 있다. 이탈리아 음식은 맛있기로 유명한데 피자와 파스타가 대표 주자다. 베네치아에 도착한 첫 날, 저녁 먹을 시간이 됐다. 아침에 유스호스텔에서 빵과 씨리얼을 먹고 점심에는 햄버거를 먹었다. 저녁만큼은 나의 내장기관이 빵을 원하지 않을 것 같았다. 숙소에 짐을 풀고 가볍게 도시를 둘러보며 무엇을 먹을지 살폈다. 시간도 늦고 혼자 무엇을 먹을지 애매한 상황이었다. 나의 배 속에 양해를 구하며 피자 한 조각으로 저녁을 해결할 참이었다.

진열된 다양한 피자

피자 가게는 숙소 주인이 알려준 베니스 3대 피자집 중 하나인 곳이다. 마침 숙소 근처에 가게가 있어 숙소로 들어가는 길에 들렀다. 소문대로 줄을 서 있는 사람들이 많았다. 진열되어 있는 피자는 이미 두 끼나 빵으로 배를 채운 나의 기억을 리셋 시켰다. 나는 참치와 토마토가 들어간 피자 한쪽을 주문했다. 다시 데워져서 콜라와 함께 내 앞에 피자가 나왔다. 맛있다. 이탈리아에서 처음 맛본 이탈리안 피자다. 바

두 번째 끼니를 채워준 매콤한 피자

삭한 도우와 참치의 고소한 맛이 잘 어우러졌고 토마토가 부드러운 맛으로 이끈다. 먹을수록 감탄이 나온다. 환상의 궁합 콜라가 거들어 기억상실을 일으킨 내 입과 배 속은 행복하다. 피자를 포장해서 사 가는 사람들이 많았다. 주인아저씨가 바쁘게 손을 움직였다. 전기 화덕에 피자를 데우고 포장해서 손님들에게 전달했다.

피자의 종류는 다양했다. 기본 Thin 피자, 페퍼로니 피자, 고르곤졸라 피자가 보였다. 내가 저녁 시간에 왔으니 낮에 다시 오면 더 많은 종류의 피자를 볼 수 있을 것 같다. 기분 좋게 저녁 식사를 마쳤다. 맛있다. 내 입은 자꾸만 그렇게 말했다. 다음 날 나는 다시 피자집에 갔다. 일찍 왔더니 어제보다 더 다양한 종류의 피자가 나를 맞이했다. 역시 손님들이 많았고 지나가던 사람들도 멈춰 화려한 피자를 보았다. 이번에는 파마산 치즈가 토핑 되어 있는 피자를 골랐다.

이번엔 주인아주머니가 있었는데 어제 본 아저씨의 부인 같았다. 주인 느낌이 났기 때문에 그렇게 보였다. 아주머니는 내게 매운 것이라고 알려줬다. 나는 마음속으로 코웃음을 치며 괜찮다고 했다. 데워진 피자와 시원한 콜라를 나는 다시 마주했다. 이 피자 정말 맛있다. 어제 맛본 것보다 더 맛있다. 양파와 고추가 들어가서 적당히 매콤한 맛을 내면서도 윤

여행에서 배우는 인생

기가 흐르는 달콤한 피자다. 올리브가 토핑 되어 있었는데 상큼하면서도 특유의 향이 나며 감칠맛이 났다. 나는 또 한 입한 입 베어 물어 맛있다는 말을 내뱉었다. 정말 맛있다. 이탈리아에서는 하루 세 끼 피자만 먹어도 문제없을 것 같다. 사실 나의 내장기관은 '밥 배'와 '간식 배'를 구분하는데 이번엔 예외였다. 이탈리아 피자는 충분히 주식으로 그 맛을 낸다. 피자를 만드는 안쪽 주방에는 두 명의 직원이 있었다. 중간에 진열되어 있는 피자를 확인하더니 부족한 피자를 새롭게 만들기 시작했다. 능숙한 솜씨로 도우를 만들고 토핑을 했다. 그리고는 조심스럽게 화덕에 피자를 넣었다. 다 된 피자 역시 조심스럽게 꺼내어 먹기 좋게 조각으로 분리했다.

베네치아를 떠나기 전 나는 다른 피자 맛을 다 보고 싶다고 생각하고 있었다. 베네치아에서의 마지막 날 나는 피자집에 또 갔다. 이번에는 고르곤졸라 피자를 맛볼 참이다. 나는 고르곤졸라 피자를 주문하고 다른 피자들을 신나게 구경했다. 예쁘게 토핑 된 피자를 구경하는 것도 재미있다. 굉장히 두꺼운 피자도 있었는데 보기만 해도 배가 불렀다. 눈과 입이 호강한다. 이탈리아에서는 하루 세 끼 피자도 괜찮다.

53

내 안에서 일어나는 일을 관찰하다

홀로 여행의 매력

여행 전에 읽었던 책이 참 좋았다. 에크하르트 톨레의 『삶으로 다시 떠오르기』였다. 제목부터 나를 사로잡은 그 책은 나를 매료시켰다. 책 전반의 주제가 바로 에고^{Ego}인데, 여러 가지 상황과 내용들을 두고 볼 때 가장 중요한 것은 내 안에서 일어나는 일을 관찰하는 것이었다. 그 일을 하는 주체는 바로 나다. 그리고 그 '나'가 진정한 내 안의 나다. 책을 읽어가며 약간은 혼란스러운 부분은 역시 계속해서 연습하고 훈련을 해야겠다는 생각을 하며 잠잠해졌다. 이번 여행에서는 그 훈련을 계속 할 수 있다. 그것도 다른 근심 걱정 없이 그냥 그 현상을 바라보며 할 수 있었다. 내 안에서 내가 어떤 생각을 하는지, 어떤 상황에서 갑자기 어떤 생각이 들기도 하는지, 혹은 이러한 생각들이 어떤 흐름으로 흘러가는지 보는 것이다. 그렇게 하다 보면 진정한 나를 만난다.

내가 그것들을 바라보고 있는 것이다. 바라볼 수 있으면 그것들을 조절할 수 있는 힘이 생긴다. 왜냐하면 내 안에 있는 일들이기 때문이다. 이것을 바로 빅터 프랭클 박사가 말한 자극과 반응 사이의 간극이라고 말할 수도 있다. 인간만이 그 일을 할 수 있다. 인간은 어떠한 상황에서도 주체적으로 자신의 의식을 통해 말과 행동을 선택할 수 있다. 또한 그 힘의 영역이 얼마만큼인지 결정하는 것도 바로 인간이며 나 자신이다. 이것이 내면의 무한한 가능성이다. 때로는 인간이 믿기지 않을 정도로 큰 힘을 발휘하거나 내성을 보여줄 때가 있다. 그때가 바로 내면의 무한한 가능성이 크게 확장된 순간이다. 나는 그렇게 믿는다. 여행이 길어지고 여행에서의 경험이 누적되면서 내 안에서 일어나는 일을 관찰하는 것이 재미있어진다. 나를 조금 더 알아가는 것 같고 인생이라는 여행을 다 재미있게 살아갈 용기가 생긴다. 여행 전에 읽었던 이 책 덕분에 그 일을 즐기고 있다. 책을 읽고 얼마 지나지 않아 유튜브에서 톨레의 영상을 찾아본 적이 있다. 그 영상에서 톨레의 강연 후 한 참석자가 톨레에게 질문을 했다. 질문의 내용은 내 안에 나를 바라보는 것을 어떻게 계속 바라보고 선택해야 하는지에 관한 것이었고, 질문의 뉘앙스로 봤을 때 질문한 참석자는 그것을 위해 집중해서 노력을 하는 듯 보였다. 톨레의 대답은 이랬다. 그것은 집중한다고 해서 갑자기 이루어지는 것이 아니며 자연스러워질 때가 있다고 했다.

지금 생각해보면 톨레 입장에서는 당연한 이야기지만 톨레는 아주 많은 영역을 뛰어 넘어 대답을 했다. 내 생각에도 그 일, 즉 내 안에서 일어나는 일을 관찰하는 일에 너무 몰두하는 것은 쉽지 않은 일이다. 오히려 답답하고 거북스럽다. '내가 왜 이러고 있지'라는 생각이 들 수도 있다. 그런데 이번에 길게 여행을 하며 그 일들을 받아들이고 연습하니 나름 자연스러워졌다. 자연스러워지는 과정 다음에 일어나는 일은 앞서 말한 것처럼 내가 조절할 수 있고 선택할 수 있다는 점이다. 그렇다고 앞으로 일어나는 일들을 수월하게 계속해서 조절을 쉽게 할 수 있는 것은 아닐 것이다.

다만, 내 안에서 일어나는 일을 차분하게 바라볼 수 있는 것만으로도 내 마음은 편안해진다는 점이 중요하다. 여행의 후반부에 들어서니 생각들이 글로 풀어진다. 이 또한 재미있다. 여행은 또 나에게 이런 선물을 준다. 고맙다.

54

알록달록, 부라노
베네치아의 작은 섬 여행

베네치아에서의 마지막 날, 나는 부라노 섬에 가기 위해 숙소를 나선다. 아이유의 노래 '하루 끝'의 뮤직비디오 촬영지로도 우리나라 관광객들에게 유명하다.

알록달록한 섬마을을 구경하기 위해 나는 바포레토 승선장으로 간다. 그런데 날씨가 흐리다. 빗방울도 조금씩 떨어진다. 부라노 섬이 꽤 떨어져 있기 때문에 혹시 또 날씨가 맑아지는 선물을 받게 될지 괜히 기대해 본다. 이번 여행에서 체코의 동화 같은 마을 체스키 크룸로프에 갈 때도 가기 전과 가는 길에는 날씨가 흐리고 비가 왔는데 도착해서는 거짓말

같이 날이 갠 적이 있기 때문이다.

숙소에서 바포레토를 두 번 타야 했다. 한 번 타서 건너편으로 간 뒤 작은 골목들을 지나 부라노 섬으로 가는 바포레토를 기다린다. 이곳 승선장에는 무라노 섬과 부라노 섬을 가려는 관광객들로 붐빈다. 무라노 섬이 더 가까운 곳에 위치하고 더 넓다. 두 곳 모두 비슷한데 부라노 섬이 더 알록달록하고 예쁘다는 말에 나는 부라노 섬만 가기로 선택했다.

40분 정도 바다를 가르고 달려 부라노 섬에 도착했다. 아주 작은 섬마을인 이곳은 내리자마자 알록달록하다. 이 어촌마을에서는 남자들이 어업을 하고 여자들은 레이스 수공업을 하며 생활을 이어간다. 이 일대가 안개가 심해서 어업을 마치고 돌아오는 길에 집을 찾기 어려워 그 해결책으로 집을 눈에 잘 띄는 색으로 칠하기 시작했다고 한다.

부라노 섬의 알록달록한 집, 레이스 공예품들

나는 천천히 마을을 산책하며 아름다운 색감의 집들을 감상한다. 작은 마을이기 때문에 천천히 걸어도 마음이 여유롭게 편안하다. 산책하는 기분으로 마을을 돌아본다. 마을을 크게 한 바퀴 돈 후 조용한 골목에서 삼각대로 사진을 찍었다. 배경이 예쁜 덕분인지 그림 같다. 알록달록한 배경에 내 마음도 생기가 넘친다.

55

여행에서 본 인생과 시간에 대한 영화

어바웃타임

동유럽을 크게 한 바퀴 돌고 다시 독일로 가기 전 오스트리아 잘츠부르크에 들렀다. 오스트리아는 여행 초, 중반에 비엔나를 방문했으니 두 번째 방문한 셈이다. 잘츠부르크는 이름만으로도 왠지 낭만적이다.

오스트리아 잘츠부르크에 도착한 첫날, 야간 열차로 새벽 4시에 도착해서 대기실에서 네 시간을 졸고 시내를 관광했다. 배 속에 거지가 들었는지 나는 1시에 밥을 사 먹고 5시에 라면을 또 사 먹었다. 배를 불리고 숙소에 들어가서 휴식을 취할 생각이었다. 숙소로 가서 샤워를 하고 편안하게 누웠다. 시간은 아직 7시 밖에 되지 않았다. 영화를 한 편 볼 생각이다. 보고 싶은 영화가 떠오르기도 했고 영화 한 편 보기 적당한 휴식시간이었다.

나는 영화「어바웃 타임, 2013, 리차드 커티스 감독」을 선택했다. 이번에 보면 세 번째 보는 거다. 책 역시 볼 때마다 느끼는 것들이 달라지듯이 영화도 그렇다. 볼 때마다 새로움을 발견한다. 그리고 그 재미 덕분에 이미 아는 내용의 같은 영화를 다시 본다. 내용보다는 장면마다 떠오르는 생각이나 깨달음을 즐긴다. 삶의 깊이를 더해가며 이런 소소한 재미를 더 느낀다. 그래서 어른들이 나이 들어 가는 것이 좋다고 말하는가 보다.

긴 기간 동안 배낭여행을 하며 정말 값진 경험Rich experience을 하고 여행을 통해 인생을 또 배운다. 그중 가장 큰 주제가 아마 이 영화의 주제와 같은 '시간'이라는 생각이 든다. 그래서 이 영화를 다시 보고 싶어졌다. 이렇듯 이미 내가 갖고 있던 생각도 여행을 하며, 혹은 인생의 여정을 이어가며 다시 생각해본다. 우리는 살면서 시간 이야기를 많이 한다. "시간이 없다.", "시간이 참 빠르다."라고가장 많이, 자주 말하지 않았을까.

인생에서 시간이 왜 중요할까. 스티브 잡스가 생전에 말한 것처럼 세상에서 가장 위대한 발명품이 죽음이라서 그런 것일까. 그렇다고 나는 생각한다. 인간은 누구나 죽기 때문에 태어나서 죽을 때까지 한정된 시간은 누구에게나 중요하고 소중하다. 그 시간에 무엇을 어떻게 할 것인지는 누구에게나 의미 있고 가치가 있다. 지금까지 인류가 그렇게 살아왔고 우리도 그렇게 살아가고 있다. 지구라는 생명체 위에서 그렇게 계속 이어가고 있다. 지금 각자에게 주어진 시간, 바로 인생이라는 그 시간을 우리는 과연 어떻게 보내고 있는지 생각해보게 한다. 죽음이라는 것이, 그리고 시간이라는 것이.「어떻게 살 것인가」의 저자 유시민은 책에서 삶과 죽음 그리고 이순간에 대해 이렇게 말한다.

"하루의 삶은 하루만큼의 죽음이다. 어떻게 생각하든 이 사실은 바뀌지 않는다. 새날이 밝으면 더 죽음에 다가선다. 그런데도 우리는 때로 그 무엇엔가 가슴 설레어 잠들지 못한 채 새벽이 쉬이 밝지 않음을 한탄한다. 결코 영원할 수 없음을 알면서도 누군가에게 영원한 사랑과 충성을 서약한다. 죽음을 원해서가 아니다. 의미 있는 삶을 원해서다. 인생은 그런 것이다. 하루가 모여 인생이 된다. 인생 전체가 의미 있으려면 살아 있는 모든 순간들이 기쁨과 즐거움, 보람과 황홀함으로 충만해야 한다."

여행 중에 시간에 대해서 생각해 볼 수 있는 여유가 고맙게 느껴진다. 세 번째 본 「어바웃 타임」에서 나는 분명 이전 두 번에서 느낀 것과는 다른 것들을 얻었다. 나는 '시간' 자체에 대해서 조금 더 집중해서 보았다. 그 시간을 어떻게 쓸 것인지를 보았다. 영화에서 아들 팀은 아버지에게 묻는다.

"아버지는 (시간을 여행을 할 수 있는) 이 능력을 어떻게 썼어요?"

아버지는 시간 여행을 할 수 있는 여행을 어떻게 썼을까. 아버지는 '책'을 선택했다. 인간이 읽을 수 있는 책이란 책은 모두 다 읽었다며 책을 읽는 데 그 능력을 사용했다고 말한다. 그는 돈을 벌거나 성공을 위해서 시간 여행을 하지 않았다. 아버지는 강조한다.

"네가 진정으로 바라는 인생을 위해서만 사용하는 게 좋아."

아버지의 말은 뜻 깊다. 많은 책을 읽고 많은 시간 여행을 해본 인생의 경험이 축적된 말이다. 이 대화에서 '시간여행을 할 수 있는 능력'을 '시간'이라고 바꿔서 우리에게 대입할 수 있다. 아버지의 조언처럼 우리는 시간을 우리가 진정으로 바라는 인생을 위해 쓸 필요가 분명하게 있다.

팀이 시간 여행을 하며 깨달은 첫 번째는 '아무리 시간 여행을 한다 해도 누군가 날 사랑하게 할 수는 없다는 것'이었다. 영화의 방향과 해석이 다를 수 있겠지만 나는 이 장면에서 이런 생각을 했다. 그 생각은 요즘 내가 하고 있는 생각에 영향을 받은 것이다. 팀의 깨달음처럼 누군가 날 사랑하게 할 수 없다는 것은 달리 말하면 그렇기 때문에 우리는 누군가를 먼저 사랑해야 한다는 점이다. 내가 누군가를 어떻게 할 수 없지만 내가 누군가를 먼저 사랑하고 사랑을 주는 것은 가능하다는 말이다. 충분히 가능하고 이를 통해 인생의 '시간'은 더욱 풍요로워질 것이라고 나는 믿는다.

그렇다면, 즉 사랑을 먼저 주면, 팀의 아내 메리가 말한 것처럼 사랑을 받은 누군가는 스스로 변화할 용기를 낼지도 모른다. 그 용기는 자신에 대한 사랑일 수도 있고 혹은 누군가에 대한 사랑일 수도 있다. 그것을 가능하게 하는 것이 사랑이다. 영화에서도 팀은 자신의 동생이 못된 남자친구를 사귀고 알코올 중독자가 되고 교통사고까지 당하게 되자 시간여행을 통해 동생의 변화에 개입한다. 그러나 메리의 말처럼 스스로 변화하는 것이 아닌 누군가가 그것을 대신해 줄 수 없다. 개입을 통하면 무언가 잘못되거나 바뀌는 것이 있다는 것을 알게 된 팀은 다시 아내 메리의 뜻을 따른다. 그 방법은 특별한 것이 아니다. 그저 동생의 병상 곁에 있어 주는 것이었다. 그게 사랑이고 결국 동생은 스스로 변화를 하겠다는 의지를 보인다. 영화 중간에 동생 킷캣이 한 말도 기억에 남는다. "남자들은 자유를 원하면서 대가를 치르려고 하지 않아."나는 마음에 한 켠에 이 말을 새긴다. 메리와 결혼을 결심한 팀은 메리와 함께 부모님 집에 간다. 어머니는 예쁜 메리에게 말한다. "여자가 너무 예쁜 건 안 좋은 거야. 유머감각이나 개성을 키울 수가 없거든."

어머니는 자신의 생각을 메리에게 전한다. 그것은 어머니가 그렇게 생각하는 것을 규정하는 것처럼 바라서 말한 것이 아닐 것이다. 내 생각에는 어머니는 메리가 예쁘지만 예쁘게 치장하는 것에 얽매이지 말고 자신만의 개성을 살리면서 유머감각으로 인생을 즐기고 그를 통해 서로 더 사랑하길 바라는 마음에서 그렇게 말한 것 같다.

아버지는 팀과 메리의 결혼식에서 멋지게 축사를 한다.

"결혼하는 사람에게 전 항상 한 가지만 충고해 줍니다. 끝엔 우리 모두 다 비슷하다는 것. 모두 늙고 같은 얘기를 수십 번씩 반복하니까요. 하지만 상냥한kind 사람과 결혼하라는 것."

아버지의 축사는 한 번 시간여행을 해서 다시 한 것이었다. 아들에게 사랑한다는 말과 함께 이 멋진 말을 했다. 한 번 음미해 볼 말이다. 늙어서 우리는 추억을 떠올리며 사는 모습이고 그 모습은 비슷하다는 말이다. 그렇기 때문에 추억을 함께 많이 만들 수 있고 나이가 들어서도 그 추억들을 공유할 수 있는 상냥한 사람과 결혼하라는 말이 아닐까. 상냥하지 않으면 결혼생활에서 소모적인 부분이 많이 생기고 이는 나중에 회상할 추억이 줄어든다는 말인 것 같다. 나는 그렇게 생각한다. 늘 노력해야겠다. 상냥한 사람이 되도록. 아버지는 팀과 대화를 나누며 주옥 같은 말을 많이 남긴다. 그중 또 한가지는 미래에 대한 걱정에 대한 것이다. "바즈 루어만의 'Sun screen'이라는 노래에서 미래에 대해 걱정하는 건 풍선껌을 씹어서 방정식을 풀겠다는 것만큼이나 소용없는 짓이라고 한다."

"사람의 인생에 있어서 정말 심각한 문제는 항상 생각해 보지 못한 것이기 마련이다."

아버지는 현재를 살라고 말한다. 시간 여행을 할 수 있는 능력을 가진 사람이, 또한 그 능력으로 많은 시간 여행을 경험한 사람이 그렇게 말한다. 시간에 대한 또 하나의 통찰이다. 지금—여기를 사는 것을 아버지는 말하고 있다. 시간 여행을 많이 해보고, 인생에서 많은 경험을 하며, 또한 책을 많이 읽으며 깨달은 대로 아버지는 아들에게 시간 여행에 대한 비밀을 털어 놓을 때 말한다. 그는 더 이상 시간 여행을 하지 않는다고 한다.

그런 아버지가 아들에게 비밀을 말한 후 시간 여행을 세 번 한다. 그런데 사실 그 세 번은 모두 아들을 위해서 그런 것이었다. 첫 번째는 아들의 결혼식 축사에서 '아들에게 사랑한다고 말할걸'이라며 아쉬워하는 장면이다. 그는 다시 결혼식 축사의 시간으로 가서 귀한 말을 다시 하고 아들에게 그리고 엉클.D에게 사랑한다고 말한다. 두 번째는 자신의 삶이 얼마 남지 않았다는 것을 알고 아들과 마주했을 때이다. 전에도 이런 대화를 나눈 적이 있느냐고 팀이 아버지에게 묻자 아버지는 그렇다고 말한다. 팀이 전에는 어땠냐고 묻자 아버지는 아들에게 말한다. "주접을 떨었지. 너를 안고."

다시 두 번째로 상황을 맞이한 아버지는 아버지의 삶이 얼마 남지 않았다는 것을 알고 찾아온 아들에게 대수롭지 않게 말한다. 아버지는 아들에게 그런 모습이고 싶었을 것이다. 아들을 안고선 당신의 삶이 위태롭다고 얼마 남지 않았다고 느끼며 우는 모습을 아들에게 보이고 싶지 않은 것이다. 나는 이 장면에서 돌아가신 나의 아버지 생각이 많이 났다. 아버지의 병을 알게 된 후 아버지와 마주했을 때가 떠올랐다. 아버지는 담담해하셨다. 오히려 내가 주체할 수 없이 울고 있었다. 나의 아버지는 마치 시간 여행을 해서 다시 온 것처럼 온

화하고 평온해하셨다. 그 후로 병세가 악화되고 나서도 아버지는 내게 말했다. 대담해지라고. 전화통화로 아버지는 그렇게 말씀하셨다.

"아들아, 대담해져야 한다."

나는 아버지의 그 말을 늘 가슴에 간직하고 있다. 시간을 더해가며 내 나이를 더해가며 나는 느낀다. 아버지의 그 말은 아주 많은 것을 포함하고 있다고 말이다. 아버지의 말에는 인생에서 가장 중요한 진리가 포함되어 있었다. 그것은 에크하르트 톨레가 말한 것과 같은 의미였다.

"삶은 내 마음이 만들어 내는 것만큼 그렇게 심각하지 않다."
에크하르트 톨레 「삶으로 다시 떠오르기」

영화에서 팀의 아버지가 세 번째로 시간 여행 능력을 사용한 때는 영화의 마지막 부분에서이다. 죽음을 앞두고 아들에게 함께 산책을 가자고 한다. 그곳은 아버지가 젊고 팀이 어린 시절이었다. 집 앞 바닷가에 나가서 그냥 아들과 함께 바닷가를 산책하는 것이었다. 그것은 아버지의 마지막 소원이기도 했고 아버지가 가장 행복했었던 기억이기도 할 것이다. 또 한편으로는 아들에게 주는 마지막 선물이기도 하다. 그 순간을 오래오래 기억하고 간직하도록 선물해 준 것이다. 나는 아버지가 사용한 세 번의 시간 여행이 모두 아들을 위해서였다고 생각한다. 아버지는 아들에게 어떤 아버지로 남을 것인가를 고민하며 나이가 들어서는 하지 않았던 시간 여행을 했다. 어떤 아버지의 모습으로 남을 것인지가 아들의 인생에 어떻게 영향을 미칠지 아버지는 알고 있었기 때문이다. 결국 아버지의 세 번의 시간 여행은 모두 아들을 위한 것이었다. 아버지의 사랑이 진하게 느껴진다.

마지막으로 아버지는 팀에게 행복을 위한 자신의 공식을 말씀해 주셨다. 두 가지였는데 하나는 일단 평범한 삶을 사는 것이다. 하루하루 다른 사람들과 마찬가지로 말이다. 다른 하나는 모든 것은 마음가짐에 달렸다는 것이다. 팀은 아버지의 말을 실천에 옮기고 새로운 깨달음까지 얻는다. 그리고 명대사로 영화를 마친다.

"인생은 모두가 함께하는 여행이다. 매일매일 사는 동안 우리가 할 수 있는 건 최선을 다해 이 멋진 여행을 만끽하는 것이다."

세 번째 보는 영화 「어바웃 타임」에서 난 더 새롭게 영화를 봤다. 첫 번째, 두 번째 볼 때 역시 좋았고 나름의 발견을 했지만 세 번째 보는 이번에도 새로웠고 더 깊은 발견이 있었다. 특히 이번에는 여행 중에 봐서 그런지 영화 전체를 관통하는 '시간'에 대해서 주의 깊게 보았고 그래서 새로운 재미를 느낄 수 있었다. 아버지의 아들에 대한 사랑도 보고 느꼈으며 아버지가 말하는 인생의 교훈을 다시 마음에 새겼다. 영화의 OST를 들으며 여운을 이어 가야겠다.

Salzburg

Hallstat

Munich

Part 5.

여행이 끝나도 삶은 계속된다

56

모차르트의 고향, 잘츠부르크

신이 사랑한 천재

잘츠부르크는 모차르트가 태어난 낭만적인 음악의 도시다. 당연히 모차르트가 살던 곳을 찾았다. 먼저 모차르트와 모차르트 가족이 살던 모차르트의 집Mozart Wohnhaus을 발견했다. 모차르트가 쓰던 악기와 유품을 전시하고 있다. 사진 촬영은 금지하고 있어서 입구에서 기념사진 몇 장을 찍어본다.

모차르트의 생가

잘자흐 강을 건너 가장 유명한 거리인 게트라이데 거리로 간다. 거리의 중간에는 노란색의 건물이 있다. 사람들이 많이 모여 이야기를 나누기도 하고 기념사진을 찍기도 한다. 이곳은 모차르트의 생가다. 신이 사랑한 천재 음악가 모차르트가 1756년 1월 27일 이곳에서 태어났다. 그리고 17세기까지 유년기의 대부분의 작품을 이곳에서 작곡했다고 한다. 이곳에는 모차르트가 청년기에 썼던 바이올린과 피아노, 침대, 아버지와 주고 받은 편지, 그의 초상화가 있다. 실제 모차르트가 어떻게 생활했는지 보여주는 전시물들이 굉장히 흥미롭다. 무엇보다 만족스러운 것은 한국어 가이던스가 있어서 이해가 쉽다는 점이다. 더욱이 가이던스는 음악과 함께 설명을 제공한다. 정말 재미있게 따라가며 즐길 수 있다. 모차르트가 한 말 중 내 마음을 터치한 내용이 있었는데 모차르트의 누나와의 이야기이다.

모차르트의 집 모습

다섯 살 연상인 누나 마리아 안나도 다재다능하고 존경받는 피아니스트였고 누나를 잘 따른 모차르트는 누나를 위해 곡도 만들고, 고민도 상담하곤 했다. 누나의 결혼식 전에 모차르트가 쓴 글이 있다.

"결혼생활에서 많은 것을 배울 것이에요. 절반은 수수께끼와 같죠. 경험을 통해서 알게 될 거예요. 이브가 카인을 낳기 전에 겪어야 해야 했던 것처럼. 하지만 누나, 결혼은 의무감이 따르죠. 잘 할 수 있을거예요. 저를 믿으세요. 힘들지 않을 거예요. 모든 것에는 항상 두 가지 측면이 존재해요. 결혼생활을 통해 많은 기쁨을 얻을 수 있을 거예요. 때로는 마음이 상할 때도 있을 거예요. 남편이 고집을 부리고 이성을 잃을 때, 그의 모습을 보고 상처 받지 마세요. 남자의 어리석음을 생각하세요. 그리고 기도하세요."

그 당시 예술인은 정말 천재 같다. 천재들은 엄청난 영감을 쏟아내면서도 삶에서 여러 직감을 발휘한다. 그래서 그들이 한 말은 한마디 한마디가 주옥같다. 모든 것을 아우르면서도 뜻깊다.

잘츠부르크 시내가 잘 내려다보이는 곳을 찾았다. 먼저 찾은 곳은 호엔잘츠부르크 요새다. 구시가에서 가장 높은 묀히스베르크 산의 정상에 있다. 함께 오른 관광객들과 함께 잘

츠부르크를 내려다보며 감상한다. 새벽까지 비가 와서 잘자
흐 강의 물이 흙탕물이다. 그래도 도시는 아름답기만 하다.
멀리 보이는 녹색의 산과 그 위의 하늘색 산은 멋진 조화를
이룬다.

산에서 바라본 **잘츠부르크**

시내 안쪽으로 걸어 대성당 지구로 갔다. 마침 잘츠부르크
의 페스티벌 기간이라 대성당 지구 곳곳에는 무대가 설치되
어 있다. 성당 안의 화려함을 둘러본 후 6,000개의 파이프로
만든 파이프 오르간도 구경했다. 이 성당은 1만 명을 수용할
정도의 규모로 서유럽 최대 규모라고 한다.

대성당 테라스로 나오니 확 트인 전경이 내 마음까지 시원
하게 해준다. 시원함을 이어가기 위해 레지던츠 광장으로 나
왔다. 잘츠부르크에서 가장 넓은 공간으로 17세기 바로크 양
식의 분수대가 가장 먼저 눈에 띤다.

대성당 내부 모습, 테라스에서 바라본 광장의 분수

광장 한편에는 거리 공연을 하는 사람들이 몇몇 있고 한쪽 모퉁이에는 많은 사람들로 붐비는 카페가 보인다. 이 카페는 1703년에 문을 연 전통 카페다. 오스트리아의 음악 거장 카라얀이 자주 찾기도 했단다. 그냥 지나칠 수 없어 나도 커피 한 잔의 여유를 부린다. 오스트리아 여행도 이 달콤한 커피처럼 아주 달콤하다.

광장에서의 공연, 많은 사람들이 있는 전통 카페

숙소로 가는 길에 본 잘자흐 강과 미라벨 궁전 정원의 분위기가 정말 상큼하다. 미라벨 정원은 영화 '사운드 오브 뮤직'에서 마리아가 아이들과 함께 '도레미 송'을 부르는 유명한 장소다. 참 아름답다.

미라벨 궁전의 정원

57

켈슈타인 하우스에서 만난 부부

잘츠부르크에서의 둘째 날

잘츠부르크에서의 둘째 날, 일기 예보대로 날씨가 흐리다. 구름이 매우 많고 약간의 빗방울도 떨어지는 쌀쌀한 날씨다. 날씨가 좋으면 그 유명한 할슈타트에 갈 예정이었다. 하지만 흐린 날씨는 나의 움직임을 둔하게 만들었다. 호스텔에서 늑장을 부리며 피로를 풀었다. 그리고 천천히 마음이 가는 대로 움직인다. 숙소를 나서는 길에 같은 방에 묵는 존이 나의 오늘 계획을 묻는다. 그는 내일은 날씨가 좋을 거라면서 나에게 희망을 준다.

존은 호주 멜버른에서 왔다. 어제 처음 만났는데 멜버른에서 왔다는 말에 나는 굉장히 반가워했다. 9년 전 대학교 휴학 시절에서 나는 멜버른에서 5개월간 살았었다. 한때 가장 살고 싶은 도시 1위를 하기도 했었던 아름다운 도시가 멜버른이다. 나는 그리움과 반가움을 기쁨으로 그에게 표현했다. 휴가로 여행 중이라는 존은 부다페스트에서 열흘 동안 있었는데 7일은 놀고 3일은 쉬었다고 했다. 7일 동안 너무 신나게 놀아서 3일을 강제로 쉬게 되었다며 너스레를 떨었다. 그 기간이면 나도 부다페스트에 있었을 때다. 우린 같은 도시에 있었다가 다른 도시에서 다시 만났다. 모두 다 연결되어 있다.

나는 우선 잘츠부르크 기차역 1등석 라운지로 가서 공짜 빵과 커피를 마셨다. 1등석 기차표의 행복은 여행 내내 이어진다. 간단한 아침 식사를 하며 어디로 갈지 고민한다. 나는 자연이 아름다운 작은 도시 베르히스 가덴행 기차에 올랐다. 베르히스 가덴은 독일이다. 여기에서 기차로 한 시간 반 정도면 간다. 여행 책에는 죽기 전에 꼭 가봐야 할 명소로 아름다운 자연을 소개하고 있다. 알프스 산맥에 속하고 삼면이 오스트리아 영토에 에워싸인 독일의 최고 휴양지라고 한다. 가봐야겠다. 여행 중에 이미 다녀왔던 사람들의 말도 좋았다. 이틀 숙박까지 할 정도로 좋았고 오히려 할슈타트보다 좋았다는 사람도 있었다.

날씨가 흐리지만 자연은 그대로 아름다운 것 같다. 인생에서 좋은 날이 있으면 좋지 않은 날도 있듯이 여행에서도 맑은 날이 있으면 흐린 날도 있다. 그러나 인생도 여행도 계속 이어진다. 맑은 날은 맑은 날대로 흐린 날은 그 날대로의 멋이 있다. 기차 밖으로 멀리 보이는 오스트리아 잘츠부르크의 산에는 신비로운 안개가 산등성이에 걸쳐져 있다. 더 고요하고 평화로운 느낌이다. 나는 기차의 운율에 맞춰 천천히 여행을 느끼고 즐긴다.

기차는 자연 속을 달린다. 그렇다. 이 기차는 자연 속을 달리는 기차다. 이번 여행에서 정말 많은 기차를 탔지만 이번 기차 역시 나름의 의미를 갖고 있다. 자연 속에 기찻길이 있고 그 위를, 그 속을 달린다. 편안한 자연색에 내 눈은 평온을 얻는다. 이탈리아에서는 해안을 바라보며 달리는 기차였다. 오스트리아에서는 기차의 양쪽 창으로 자연이 펼쳐지고, 자연 속을 달리는 그 기차에 내 몸이 실려 있다. 가는 길에는 강도 보이고 산도 보이고 작은 마을도 지나간다. 자욱한 안개를 헤치며 나의 자연 기차는 열심히 달린다.

베르히스 가르덴 중앙역에 도착해서 켈슈타인 하우스로 가는 버스를 기다린다. 함께 기다리는 가족 여행객이 보인다. 초등학교 4학년쯤으로 보이는 딸이 엄마에게 뽀뽀를 하며 애교를 부린다. 엄마는 딸의 애교를 받아주며 딸을 안아준다. 잠시 후 아빠는 엄마와 딸을 함께 안으며 셋이 얼굴을 맞댄다. 아빠는 아내의 이마에 입맞춤을 한다. 아빠와 엄마 딸의 헤어스타일이 모두 똑같다. 긴 머리를 묶었다. 아마 이곳 한 마을에 사는 것 같이 보였다. 별 꾸밈없는 이 가족이 참 행복해 보인다.

산악 버스에 올랐다. 올라가는 길에는 절경이 펼쳐진다. 굽이굽이 이어지는 도로 사이로 안개가 걸터앉은 높은 산이 펼쳐지고 중간 중간 아기자기한 작은 마을도 보인다.

켈슈타인 하우스로 향하는 도로와 안개 자욱한 풍경

켈슈타인 하우스에 오르니 안개와 흐린 날씨로 인해 장관을 보지는 못했다. 멀리 보이는 건 안개뿐이었기 때문에 안내판에 있는 그림으로 대신 내 눈을 위로했다. 아쉬웠다. 대신 내가 할 수 있는 일을 했다. 높은 곳에 올라 그저 자연을 바라보는 일, 자연과 함께하는 일을 했다. 날씨가 좋지 않으면 있는 그대로 자연을 바라보는 그 일이 내가 할 일이었다. 다음에 다시 한번 와보고 싶은 생각이 들었다.

켈슈타인 하우스는 해발 1,834m의 오베르 살츠 베르크 산에 지어진 별장이다. 히틀러의 별장이라고도 불리는데 부하인 마틴 부어만 히틀러의 쉰 번째 생일 선물로 만들었다고 한다. 그 비용만도 현재 시세로 약 1조 원 가까이 들었다고 하는데 정작 히틀러는 고소공포증이 있어 단 세 번만 방문했다고 한다.

켈슈타인 하우스 건립 당시의 사진

아침에 잘츠부르크 중앙역 라운지에서 작은 빵 조각 두 개만 나의 배 속에 투입해서 그런지, 높은 곳에 올라서 그런지 배가 고팠다. 시간은 벌써 1시 반이다. 켈슈타인 하우스에 레스토랑이 하나 있는데 그곳에 들어가서 추운 몸을 녹이며 배를 채우고 싶었다. 레스토랑 안은 관광객들로 거의 가득 차 있었다. 제한된 여행 일정 덕분에 궂은 날씨에도 오늘 여행을 감행한 나와 같은 사람들이었다. 나는 치즈 샌드위치와 헝가리식 수프를 주문했다. 수프가 따뜻하게 내 몸을 녹여주었다. 빵과 함께 나온 치즈 맛이 좋다. 빵과 치즈 그리고 따뜻하고 구수한 수프가 환상의 조화를 이룬다.

켈슈타인 하우스 레스토랑에서의 식사

몇 분이 지났을까. 잠시 후 60대 부부가 나와 테이블을 함께 공유해도 되는지 양해를 구했다. 사람들이 많았고 자리가 부족했는데 내가 앉은 자리는 두 명은 더 앉을 수 있었다. 나는 흔쾌히 자리에 앉으라고 손짓했다. 완전하게 알아들을 수는 없었지만 아저씨는 내가 먹고 있는 수프가 맛있겠다고 하며 아내에게 저걸 주문하자고 말하는 것 같았다. 아주머니는 남편의 옆구리를 쿡쿡 찌르며 너무 손으로 가리키지 말라는 듯 아저씨에게 눈치를 주었다. 아저씨는 나와 같은 수프와 커피를 주문했다. 그러고는 가져온 빵과 함께 수프를 먹었다.

나는 수프 맛이 좋다며 말을 걸었다. 아주머니는 아주 흥미롭게 내게 말을 걸고 싶어 했다. 아주머니는 내게 여행이 며칠째이고 어디를 가봤는지 아주 천천히 물으셨다. 그리고 나의 나이를 궁금해하셨는데 아주머니의 첫째 아이와 나이가 비슷하다고 했다.

첫째 아래에는 쌍둥이 동생이 있다고 말씀하셨다. 그래서 내가 자식 같아 보이셨는지 나를 아껴주시듯 바라봐 주셨다. 부부는 독일의 마인츠에서 왔고 주말을 맞아 잠시 여행을 왔다고 했다. 나는 지도를 열어 마인츠가 어디에 있는지 안다고 반가움을 표현했다. 나의 말에 아주 깊게 주의를 기울이며 눈을 맞춰주며 들어주셨다. 그 사이 아저씨는 빵과 수프를 아주 맛있게 드시고 계셨는데 겉이 바삭한 빵을 조각내서 수프에 담가서 함께 드셨다. 그러면서 아저씨는 빵과 수프를 따로 드시고 계신 아주머니에게 왜 수프에 빵을 넣어서 먹지 않느냐며 말을 건넸다. 그렇게 먹어야 더 맛있는데 왜 그러지 않느냐며 장난을 치신다. 아주머니는 찡끗 웃으시면서 아저씨의 옆구리를 손가락으로 또 찌르신다. 내 입가에는 흐뭇한 미소가 지어진다. 나는 웃으며 아저씨, 아주머니와 눈을 맞췄다.

그리고 함께 웃었다.

내가 결혼한 지 얼마나 되셨는지 여쭤 봐도 되는지 묻자, 아주머니께서는 잠깐 계산을 해야 한다며 웃으셨고 잠시 후 32년이 되었다고 말씀해 주셨다. 장난치는 아저씨와 아주머니의 모습이 정겹다.

내려갈 버스 시간이 거의 다 돼서 나는 먼저 일어나야 했다. 나는 만나서, 잠시지만 이야기해서 정말 즐거웠고 고마웠다고 말했다. 영어를 잘 못하시는 아저씨를 대신해 아주머니는 내게 "우리도 즐거웠고 즐겁게 여행하길 바란다."라고 말씀해주셨다. 나는 함께 사진을 한 장 찍어도 되겠는지 묻고 함께 사진을 찍었다. 흔쾌히 사진을 함께 찍어주셨다. 내가 이메일로 보내드리겠다고 하니 이메일 주소도 적어 주셨다. 날씨가 짓궂은 탓에 멋진 자연을 보지는 못했지만 그보다 더 아름다운 사람들을 우연하게 만났다. 오히려 감사했다. 아쉬웠던 나의 마음은 이미 흐뭇함으로 완전히 바뀌어 있었다.

함께 즐거운 식사를 한 부부와 한 컷

58

할슈할슈한 할슈타트

오스트리아의 자연을 느끼게 해주는 작은 마을

　할슈타트로 향한다. 할슈타트로 들어가기 위해서는 보트에 타야 한다. 보트에 몸을 실었다. 잔잔한 호수에 유유히 떠서 건너편 작은 마을로 간다. 멀리서 보이는 강가에 반영되는 할슈타트의 모습이 보인다. 워낙 사진으로 많이 봤던 모습이 바로 내 눈앞에 펼쳐진다. 이 작은 마을과 호수의 풍경이 그토록 여행객들의 입에 오르내렸다. 배낭여행 중 대부분의 사람들이 오스트리아 하면 할슈타트를 말했다. 그중에는 굉장히 멋진 풍경을 봤다는 사람이 있었고, 기대보다는 평범했다는 사람도 있었다. 더러는 너무 기대해서 별로였다고 말한 사람도 있었다.

나는 그냥 있는 그대로 할슈타트를 맞이했다. 정말 조용한 작은 마을이 내 앞에 펼쳐졌다. 조용하게 산책하듯 마을을 감상한다. 옹기종기 모여 있는 집들 건너로 아름다운 호수가 있고 높은 산들이 향긋하게 마을을 감싸준다. 보트에서 내려 여행객들이 몰리는 쪽으로 발걸음을 옮기지 않고 반대로 걸었다. 그랬더니 이렇게 고요하고 좋다. 천천히 이쪽 편을 둘러보고 반대편으로 넘어갔다.

달력이나 엽서 속에 보일 법한 할슈타트 마을의 풍경

작은 마을에는 교회가 있고 공동묘지도 있다. 호수를 따라 걸으니 정말 달력에나 있을 법한 풍경이 보인다. 엽서에도 자주 등장했던 할슈할슈한? 할슈타트의 풍경이다. 관광객들이 너도나도 사진을 찍는다. 나도 삼각대를 펼치고 이 멋진 풍경에 나를 함께 담아본다. 자연이 너무 아름다워 내가 잘 조화를 이룰 수 있을까 하는 생각이 든다. 정말 그림 같다.

　마을의 한쪽 끝을 향해 계속 걸으니 점점 더 고요해진다. 휴가를 온 가족의 모습이 정겹다. 아이들은 놀이터에서 그네를 타고 물놀이를 한다. 한쪽 잔디밭에는 관광객들이 삼삼오오 모여서 담소를 나눈다. 나도 한쪽에 앉아 천천히 아름다운 풍경을 가슴에 담는다. 깊이 음미하고 싶은 욕심이 생긴다. 이미 보고 있으면서도 아쉬운 마음이랄까. 마을의 중심으로 가니 작은 광장도 있다. 작은 연주회가 열리고 있어 잠시 감상해본다.

　오길 잘했다는 생각이 들었다. 누군가의 말만 듣고 별로일지도 모른다는 생각을 했다면 오지 않았을 수도 있다. 하지만 이렇게 멋진 오스트리아의 자연을 그대로 느끼고 있는 지금, 참 행복하다. 그리고 자유롭다.

작은 음악회가 열리는 마을, 그리고 아름다운 호수

59

뮌헨 호프브로이 하우스
뮌헨의 맥주

뮌헨이다. 저녁에는 어떤 일정을 보내볼까? 당연히 맥주
다. 특히 뮌헨에 오기 전부터 뮌헨 맥주를 기다렸다. 워낙 유
명한 양조장과 맥주가 많아서 더 그랬다. 뮌헨에서 관광객들
에게 가장 많이 알려진 곳은 호프브로이 하우스다. 넓은 규
모임에도 늘 사람들로 붐빈다고 한다. 도착하기 전에 몇몇 사
진만 봐도 맥주를 들이켜고 싶은 심정이었다. 그런데 이 넓은
곳을 혼자 가기엔 뭔가 흥이 덜 날 것 같았다. 한국인 관광객
게시판을 통해 어렵게 합석 자리를 구했다. 한국인 친구 두
명이었다. 서로 절친한 두 친구는 군 제대 후 복학했다가 처

여행이 끝나도 삶은 계속된다

맥주로 유명한 호프브로이 하우스

음 맞는 방학에 함께 여행을 왔다고 했다. 호프브로이 하우스
에서 그들을 만났다.

들어서자마자 시끌벅적하다. 이 넓은 곳에 정말 사람들로
꽉 차 있다. 이 안은 축제가 벌어지는 모양이다. 처음 만난 사
이지만 여행객의 친근함으로 반갑게 인사를 나눴다. 맥주와
안주를 주문하고 이런저런 이야기를 나눈다. 여행객들이 나
누는 그런 이야기들이다. 혼자 또는 누구와 여행을 왔는지,
어디를 가봤고 앞으로 어디를 갈 것인지 말이다.

주문한 1리터 맥주가 나왔다. 그 크기가 흥을 더 돋운다.
옆에 생수병을 갖다 대야 그 크기를 실감할 수 있다. 얼굴만
한 맥주잔을 부딪치며 건배하고 맥주를 들이켠다. 전통이 있
는 양조장으로부터 나온 맥주의 맛은 환상적이다. 마치 내가
맥주 CF를 찍는 듯이 입에서 "캬~" 소리를 내고 있다.

먹을 것은 독일에서 유명한 학세를 주문했다. 다른 곳보다 크기가 그리 크진 않았는데 맛이 좋았다. 적당한 간에 고기가 부드러웠다. 이번 여행 중 유럽에서 먹었던 학세 중 가장 맛이 좋았다. 다른 곳에서 맛본 돼지 무릎 또는 앞다리 요리는 많이 짠 편이었기 때문이다. 그런데 여기 음식은 맛이 좋다. 맥주 맛도 좋아서 1리터짜리 맥주도 목으로 거침없이 넘겨진다. 1리터 맥주를 하나 더 주문해서 마시자 금세 취기가 오른다. 두 번째 주문은 흑맥주로 했다. 이것도 맛이 좋다. 기분 좋게 시끌벅적한 분위기에 함께 취한다.

호프브로이 하우스 중간에는 하우스 밴드가 있다. 매일 저녁에 연주를 한다. 관광 안내 책에 저녁 시간이 되면 밴드 연주에 맞춰 흥겹게 춤추는 사람이 있다고 했는데 정말 그랬다. 몇몇 사람들이 밴드 앞으로 나와 즐겁게 춤을 춘다.

여행이 끝나도 삶은 계속된다

321

맥주에는 감자와 바비큐 요리가 딱이다

　맥주를 더 주문하며 추가로 주문한 바비큐 요리도 맛이 좋다. 감자와 함께 맛보는 요리의 맛이 일품이다. 오늘 만난 일행과 함께 한국에서의 이야기, 여행 이야기를 나누며 즐거운 시간을 보냈다.

　호프브로이 하우스를 나서며 입구 옆에 있는 상점도 구경했다. 전통이 있는 양조장답게 여러 가지 기념품을 판매하고 있었다. 1리터 맥주잔을 비롯해서 티셔츠, 열쇠고리 등 다양한 기념품이 있다. 기분 좋게 구경까지 마치며 뮌헨에서의 1차 맥주 투어를 마친다. 다시 독일로 돌아오길 잘했다는 생각은 늘 맥주 맛에서 감탄과 함께 터져 나온다.

60

여행을 하며 가장 많이 본 직업

배낭여행을 하며 가장 많이 본 직업은 무엇일까? 관광객의 입장에서 봤기 때문에 당연히 레스토랑에서 일하는 직원이다. 우리가 흔히 부르는 서빙이라는 일을 하는 사람들이다. 그들은 자신의 일에 자부심을 갖고 일하는 것처럼 보였다. 즐거운 미소를 보이며 고객을 대했다. 가끔 정말 친절하고 유쾌한 직원들의 배려를 받으면 여행객으로서 조금이라도 팁을 더 주고 싶은 마음이 들었다.

나는 학창시절 10가지 정도의 아르바이트를 경험했다. 다양한 경험을 해보고 싶었던 나는 서빙을 해보고 싶었다. 그

중에서도 호프집 서빙에 도전했다. 대학교 3학년 2학기였었던 것 같다. 종로에 가서 호프집을 둘러봤다. 대로를 중심으로 왼쪽 편에 즐비한 술집들에는 젊은 층이 주로 많이 가는 곳들이었다. 반대편에는 직장인들이 가는 호프집들이 보였다. 나는 왠지 오른쪽이 조금 더 수월할 것 같다는 생각에 오른쪽 편에 있는 호프집 중 한곳에 아르바이트를 지원했다.

결과적으로 좋은 경험은 했는데 내가 내린 결론은 '서빙이 가장 힘들다'였다. 나름대로 여러 종류의 아르바이트를 경험했지만 서빙이 꽤 힘들었다. 청소는 기본에 주문을 받고 술과 안주를 나르며 고객을 응대하는 일은 쉽지 않았다. 계속 서서 일을 하며 주의를 손님에게 집중해야 한다. 이런 경험 덕분인지 외국에서 만난 서빙 일을 하는 분들이 사실 더 대단해 보였다. 물론 내 관점에서 힘든 일이지만 그들은 자신만의 관점으로 긍정적으로 바라보며 일을 즐길 것이다.

외국에 나가서 직업에 대한 생각을 많이 뒤집는 것 중 하나는 "직업에 귀천이 없다"는 말이다. 나 역시 머리로는 알고 있었지만 우리나라에서는 쉽게 이해되지 않았던 저 말을 외국에서는 잘 느낄 수 있다. 직업을 선택함에 있어 누군가의 시선이나 기준을 들이밀지 않는다. 자신의 삶을 행복하게, 균형 있게 만드는 직업이면 만족하며 긍정적으로 일한다. 내가 느끼기에는 그랬다. 여행하며 만났던 레스토랑 직원들에게 감사하다. 맛있는 음식을 더 즐겁게 맛볼 수 있도록 미소를 보내고 배려해 준 그분들이 정말 고맙다.

여행이 끝나도 삶은 계속된다

61

나 홀로 여행? 나와 함께하는 여행!

Together

혼자 여행하는 것을 나 홀로 여행이라고 표현한다. 표현의 차이에 따라 느낌이, 생각이, 의식이 달라지기도 한다. 나는 나 홀로 여행보다는 '나와 함께하는 여행'이라고 표현하고 싶다. 나 혼자 여행하는 건데 나와 함께하는 여행? 나는 '함께' 라는 말을 좋아한다. 함께하면 더 즐거운 일이 많이 생긴다. 그 일 자체만으로도 좋다.

내 안에 있는 나를 바라보며 나와 함께하는 여행이라고 하니 내가 나를 더 아껴주는 느낌이다. 내가 어떤 생각과 감정을 갖고 살고 있는지 바라보는 건 중요하다. 이를 Best self라고 부르거나 혹은 Super position에서 나를 바라본다고 표현한다. 이는 조절감을 연습하는 방법 중 하나다.

조절감은 행복감과 분명히 연결된다. 내가 내 인생을 조절하고 있다는 느낌은 주도적인, 주체적인 삶을 사는 걸 보여준다. 행복으로 가는 과정이다. 내가 주인인 내 인생을 내가 통제하는 것이 아닌 조절하는 것이다. '통제'와 '조절'은 엄연히 다르다. 나와 함께한 여행을 45일간 이어왔다. 잘 따라와 준 나에게 고맙다.

62

여행의 날씨, 마음의 날씨
언제든 변할 수 있다

여행지에서 날씨는 변화무쌍하다. 출발할 때 날씨가 좋았다가도 갑자기 소나기가 내리기도 하며, 처음에는 궂은 날씨가 갑자기 화창해지기도 한다. 짧은 여행이면 날씨 변화에 따라 마음의 날씨도 급변할 수 있다. 긴 여행에서는 어떨까. 여행이 길다고 생각하면 마음이 더 넓어진다. 왜냐하면 날씨가 나쁜 상황에서도 다시 좋아지길 기대할 수 있는 시간적 여유가 실제로 생기기 때문이다.

인생에서도 마음의 날씨가 안 좋을 때 다시 좋아지길 기다리고 희망한다. 날씨가 좋지 않을 때는 그런 날도 있다며 그래도 그 날을 산다. 인생에서 마음의 날씨가 좋지 않을 때도 우리는 그 날을 살아가야 한다. 그게 인생이다. 인생이 길다고 하지만 지나 보면 생각과는 달리 인생은 굉장히 짧다고 느낄 것이다. 그래서 날씨가 좋지 않아도, 마음의 날씨가 희망과는 다른 날도 소중한 시간을 너무 대충 흘려보내서는 안 된다. 물론 너무 힘들 때는 그저 있는 그대로 보내는 것이 현명하다. 마음의 날씨가 좋지 못할 때, 그것을 너무 원망하지 말라는 말이다. 희망을 갖기조차 힘든 상황이면 그냥 있는 그대로 두면 된다. 그래도 흘러간다.

구름도 흘러가고 내 마음의 감정도 흘러간다. 세월이 흐르듯 내 삶의 자취도 마치 여행에서 지나온 곳을 지도로 보는 것과 같이 흘러가겠지. 나는 여행의 날씨를 통해 마음의 날씨를 어떻게 바라봐야 하는지 되새겨본다.

63

유럽의 강제수용소

아우슈비츠 수용소, 다카우 수용소, 작센하우젠 수용소

유럽 배낭여행의 목적 중 하나가 유럽의 강제수용소에 가보는 것이었기에 한데 엮어보았다.

이번 여행 중 폴란드 크라쿠프에 있는 아우슈비츠 수용소, 독일 뮌헨에 있는 다카우 수용소, 베를린에 있는 작센하우젠 수용소에 갔다. 제2차 세계대전 때의 참혹한 역사를 힘겹게 다시 보거나 유태인의 삶을 내가 연구하겠다는 건 아니다. 다만 내 인생에 큰 영향을 준 빅터 프랭클 박사를 만나보고 싶었다. 그가 있었던 강제수용소에서 인간의 한계 상황에서 그가 어떤 생각을 했는지 느껴보고 싶었다. 잠시라도 그와

아우슈비츠 수용소에서

다카우 수용소에서

작센하우젠 수용소에서

대화하고 싶었다. 빅터 프랭클 박사의 『죽음의 수용소에서』를
다시 읽으며 그를 만났다.

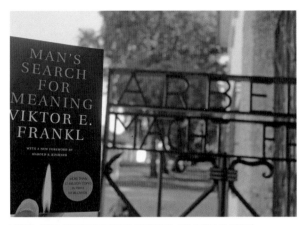
다카우 수용소 박물관에서 구입한 책 『죽음의 수용소에서』의 영문판

책에서는 빅터 프랭클 박사가 아우슈비츠 수용소, 다카우 수용소에 있었다고 나온다. 그리고 그는 몇몇 서브 수용소를 거쳤다. 내가 베를린에 갔을 때 작센하우젠 수용소와 박물관이 있다고 해서 예정에는 없었지만 들렀다. 그곳에서 영화 '인생은 아름다워'의 주인공 귀도를 만나기도 했다. 영화에서는 구체적으로 어떤 수용소라고 나오진 않지만 어느 수용소에서도 그를 만날 수 있었다. 영화 속 내용 중에서 기억에 남는 부분이 있다. 귀도는 강제수용소에서 아들 조슈아가 집에 가자고 할 때 이렇게 말한다.

"네가 가자고 하면 가야지."

귀도는 어떤 상황에서도 유연함을 보인다. 어떤 상황에서도 아들에 대한 사랑을 고귀하게 보여준다. 나중에 시간이 될 때, 이번 경험을 바탕으로 의미공학자인 나와 빅터 프랭클 박사와 귀도가 함께 이야기를 나누는 글을 써보고 싶다.

여행을 통해 나와의 약속도 지켜서 뿌듯하다. 나는 빅터 프랭클이 말한 의미를 삶에서 공학적으로 연결해서 성장 실천법으로 발전시켰다. 새로운 동기부여와 자기계발 방법으로써의 '의미공학'을 통해 성장을 원하는 사람들에게 도움을 주고 싶다.

64

돌아갈 곳이 있다는 것은 행복한 일

여행을 마치며

여행을 마치고 돌아갈 곳이 있다는 건 행복한 일이다. 다시 돌아갈 곳을 생각하면 설레고 기분이 들뜬다. 그곳에는 보고 싶었던 사람이 있고 나를 기다려준 사람들이 있다. 돌아가서 나를 기다려준 누군가는 어떻게 지냈는지, 나의 여행이 어땠는지 이야기를 나누며 즐겁게 웃고 싶다. 다시 돌아간다는 건 새로움을 대변한다. 어찌 됐든 무언가를 해냈다는 느낌이 들고 다시 무언가를 시작해도 될 만한 충전을 제대로 해낸 기분이 든다.

새롭게 시작한다는 생각 자체가 주는 기대감과 설렘은 언제 느껴도 좋을 것 같다. 기차를 타고 여행의 막바지 감정들을 꺼내서 느껴보고 있는 지금 이 자체도 좋다. 문득 돌아갈 곳이 있다는 것만으로도 이렇게 행복해질 수 있다는 것이 신기하고 감사하다.

삶에서도, 한국에서도, 어딜 갔다 오게 될 때면 평소와는 다른 애틋함을 느끼기도 했었다. 늘 함께 있으면 몰랐던 소중함을 더 느낀다고 할까. 괜히 멀리 떨어지게 되면 생각하지 못했던 소중함과 감사함을 느낀다. 다시 돌아갈 곳이 없고 계속 떠도는 건 좀 힘들 것 같다는 생각도 한다. 그래서 이번 여행은 그 기간이 적절했다. 이보다 더 짧았으면 여행의 후반부에 확 밀려온 여행에서의 배움을 몰랐을 것이고, 더 길었으면 이 기간에 느낀 소중함을 더 멀리 보냈을지도 모른다.

총 9개국 19개 도시를 돌아다녔다. 이제 돌아갈 때가 된 것 같다. 나의 조국 대한민국으로 돌아가자.

프랑크푸르트 공항으로 가는 기차 안에서 잠시 눈을 감았다가 떴다. 앞에 보이는 젊은 친구는 귀에 이어폰을 꽂은 채 음악을 들으며 휴대폰 게임에 열중하고 있고 그 옆에 있는 친구는 연신 하품을 해댄다. 기차 칸 앞쪽에는 아기 울음소리가 들린다. 다른 한쪽에 앉은 안경 낀 아주머니는 주간지를 집중해서 읽고 있다. 창밖으로는 풍경이 지나가고 창을 통해서 기차 안으로 따뜻한 햇살이 들어온다. 기차 안의 풍경은 너무나도 평범하고 일상적이다. 그런데 나는 그 평범함을 보며 씩 웃고 있다. 긴 여행을 마치고 돌아가는 순간을 나는 제대로 선물 받고 있었다. 마치 여행을 마치고 일상의 행복을 다시 찾은 영화 속 주인공 같았다. 영화의 뒷부분에 있는 듯했고 아름다운 결말을 내는 것 같은 분위기이다. 적절한 명대사라도 말해야 하는 건 아닌가 하는 생각마저 든다.

생각도 잠시 스쳤다 지나가고 나는 평범한 일상을 즐긴다. 다시 삶이다. 여행이 끝나도 삶은 계속된다. 긴 여행을 통해 인생의 기쁨을 또 배웠다. 이제 앞으로 또 삶을 통해 인생의 재미를 느낄 것이다. 이번 여행으로 더 깊어지고 충만해진 나는 앞으로의 삶을 더 풍요롭게 살 수 있을 것 같다.

있는 그대로 받아들이면서도 때로는 더 많이 느끼고 더 많이 감사하며 더 많이 웃으며 살고 싶다. 혼자가 아닌 소중한 많은 사람들과 기쁨을 나누며 즐겁게, 더불어 살고 싶다. 그렇게 살 것이다. 여행을 주도했던 경험은 인생에서 주도적인 삶을 살 용기로 전환된다. 프랑스의 시인 폴 발레리의 말처럼 사는 대로 생각하는 것이 아닌, 생각대로 사는 것이다. 내 인생의 주인은 나라는 자각은 분명 나의 인생을 지휘하는 오케스트라의 지휘자의 마음을 갖게 한다. 여행을 통해 그 자각은 더욱 선명하게 내게 새겨지고 어설프지만 해내는 지휘자는 점점 더 아름다워진다.

45일간 9개국 19개 도시를 여행하며 사용한 유레일패스

※카카오의 콘텐츠 퍼블리싱 플랫폼인 '브런치'에서
의미공학자 유재천 코치의 『45일간의 동유럽, 100개의 스토리』를
모두 감상하실 수 있습니다.

www.brunch.co.kr/magazine/easterneurope

여행이 끝나도 삶은 계속된다

인생이라는 여행은 선물이다

45일간의 동유럽, 마지막 스토리

배낭여행을 하면서 내가 가는 곳마다 선물이 있었다

따뜻한 햇살이 선물이었고

시원한 바람이 선물이었으며

흐르는 강물을 바라볼 수 있는 것도 선물이었다

황홀한 석양을 바라보는 게 선물이었고

아름다운 야경을 감상하는 것도 선물이었으며

풍경을 바라보며 산책할 수 있는 여유도 선물이었다

지나가는 사람들의 미소가 선물이었고

함께 살아 있고 함께 살아가는 것이 선물이었으며

지금 건강하게 걷고 있는 것도 선물이었다

지나가다 누가 흥얼거리는 멜로디가 선물이었고

거리의 악사가 연주하는 음악이 선물이었으며

누군가와 만나 대화를 할 수 있는 것도 선물이었다

이렇게 여유롭게 생각할 수 있는 시간이 있는 것이 선물이었다

나는 왜 생각이 많지, 라는 뜨끔한 자신의 채찍질이 아닌

그냥 생각하는 시간이 좋았다

그건 모두 선물이었다

사실 내가 받은 선물들은 모두 내 마음에서 나온 것들이었다

삶도 그렇지 않을까.

모든 것을 선물로 받아들이며 우리는 이미 받은 선물이 많고

지금도 선물을 받고 있으며 앞으로도 받을 선물들이 가득하다

Present선물가 이미 Present현재에 있고

Present존재한다라는 말을 나는 많이 듣고도

이번 여행에서 다시 깨달았다

여행은 그런 것이다

이미 아는 것도 다시 몸과 마음에 새기는 것. 지금, 여기를 살자

더 열정적으로 지금, 여기를 살자

지금, 여기에서 이미 존재하는 수많은 선물들을 느끼고 바라보며

살아야겠다.

− 45일간의 배낭여행을 마치며, 의미공학자

유재천 코치

의미공학자
유재천 코치의
의미공학

Meaning

Engineering

나는 코치다. 누군가의 성장을 돕는 일을 한다. 개인과 조직의 행복한 성장을 돕는 일을 교육업業에서 펼친다. '의미공학자'라는 아이덴티티와 브랜드로 즐겁게 나의 역할을 해내고 있다. 삶의 의미를 찾고 만드는 데 긍정적인 자극을 주는 일부터 구체적으로 '의미'를 통해 성장하는 방법을 제시하기도 한다. 그 중심에는 '의미'가 있다. 의미는 다른 무엇보다 강력한 동기부여의 원동력이다. 다만 이 의미는 자신에게 의미 있는 '나만의 의미'여야 한다. 그래야 강력한 힘을 발휘한다. 자신에게 의미 없으면 하지 않는다. 자신에게 의미 있는 일이어야 주도적으로 열정적으로 한다.

　나만의 의미는 유일하고 개별적인 것이다. 나에게 의미 없으면 남들이 나에게 뭐라고 하는 것은 별 소용이 없다. 타인에게 어떤 의미를 가져야 한다고 대신 결정해 줄 수는 없다. 삶의 의미는 사람마다 다를 수 있고 각자에게는 나만의 것이기 때문에 내가 실현시켜야 하고 나만이 할 수 있다. 우리는 누구나 삶에서 우러나오는 자신만의 의미를 추구한다. 이것이 의미의 힘이다. 『죽음의 수용소에서』의 저자 빅터 프랭클 박사는 아우슈비츠 수용소와 다카우 수용소에서 인간의 '의미 추구의 의지'를 직접 체험했다. 나는 그를 만나기 위해 이번 여행에서 유럽의 강제수용소를 찾았다. 생전의 빅터 프랭클 박사를 직접 만나지는 못했지만 빅터 프랭클이 말한 의미를 연구하고 발전시키고 싶었다. 나는 빅터 프랭클이 말한 의미를 성장법에 접목시켰다. 유일무이한 의미의 힘을 믿고 많은 사람들이 자신만의 의미를 발견해서 성장할 수 있기를 바라는 마음에서 시작했다. 나는 마음속에 더 깊게 각인시킨 의미의 가능성을 믿고 성장을 원하는 사람들을 도우며 살겠다고 강제수용소에서 다짐했다. 내가 수용소를 찾은 것은 홀로코스트의 참혹함과 유대인에 대해 더 연구하기 위해서가 아니다. 슬픈 역사는 이미 충분히 가슴 아프다. 단지 나는 그러한 상황에도 불구하고 인간이 갖고 있는 자유의지, 즉 어떤 조건에 처해 있든 그것에 대해 자신의 태도를 결정할 수 있는 자유를 빅터 프랭클 박사를 통해 다시 보고 느끼며 배우고 싶었다. 폴란드 크라크푸에서, 독일의 뮌헨에서 또한 마음속에서 그를 만났고 내가 연구하는 '의미공학Meaning Engineering'에 그의 철학을 반영했다. 빅터 프랭클 박사는 인간의 의미 추구는 삶의 첫 번째 동기이지 본능적 욕망의 이차적 합리화가 아니라고 말했다. 즉 의미 추구가 가장 강력한 동기부여의 원천이라는 뜻이다. 우리는 자신만의 의미를 찾아야 한다.

의미공학Meaning Engineering이란 나만의 의미를 설계하고 활용하여 동기부여와 자기계발을 지속 가능하게 하는 자기성장 학문이다. 나만의 의미 그리고 자기성장의 학문이기 때문에 누구나 의미공학자가 되어 연구할 수 있다. 또한 누구나 행복한 성장을 할 수 있다. 성장에 있어 늘 고민하고 노력하는 것이 지속 가능성이다. 우리는 작심삼일을 무한히 반복하며 자신을 원망하고 채찍질 한다. 소모적인 순환을 하며 고민한다. 지속 가능한 성장을 위해 필요한 것이 도구인데, 여기에 공학Engineering이 기여한다. 공학이라고 하면 복잡하고 어렵다는 생각을 하게 되는데 공학의 강점만 적용하면 쉽게 활용할 수 있다. 의미공학에서

공학의 적용 목적은 '남다른 성과를 낼 수 있는 동기부여가 가능하고, 누구나 쉽게 실천할 수 있는 새로운 방법'의 개발이다. 공학의 강점을 적용하면 새로운 방법, 즉 나만의 방법을 설계할 수 있다. 공학의 여러 가지 강점 중에 핵심은 바로 프로세스다.

무언가를 할 때 프로세스가 있는 것과 없는 것은 상당한 결과의 차이를 가져온다. 일을 할 때 프로세스가 없으면 일의 추진 속도가 느리고 각 단계에서 일의 결과가 명확하지 않으며 관련된 사람들과의 소통이 어렵다. 프로세스가 있으면 Input과 Output을 볼 수 있고 그 사이의 과정을 모두 볼 수 있다. 또한 문제가 발생하면 어디에 문제가 있는지 빠르게 파악할 수 있고 필요하면 쉽게 보완할 수 있다. 성장을 위한 자기계발은 효율성이 높아야 지속 가능하다. 우선 효율성을 확인할 수 있어야 높일 수도 있는데 프로세스가 이를 가능하게 한다. 소모적인 낭비를 줄이고 외부 요인의 영향을 적게 받을 수 있게 된다. 이러한 공학의 강점을 성장 실천법에 적용하면 지속 가능한 성장을 이어갈 수 있다.

의미공학Meaning Engineering에 대한 자세한 내용은 나의 첫 책인 『성장, 의미로 실현하라』에서 살펴볼 수 있다. 나는 따뜻한 코치이자 의미공학이라는 학문의 창시자로서 동기부여 방법론을 연구하고, 사람들에게 의미 있는 삶의 열정과 에너지를 공급하며 함께 성장할 것이다. 이것이 나의 꿈이다. 꿈을 실현하기 위해 의미공학연구소Meaning Engineering Institute를 설립했고 개인과 조직의 성장을 돕는 전문 코치이자 강사로 활동을 이어 가고 있다.

E-mail: yujaechun@gmail.com
Brunch: www.brunch.co.kr/@yujaechun

작가 활동

writer's activity

(1) 한국직업방송 「창직리포트 직업의 발견」 의미공학자 편 출연
(2) 세바시 「세상을 바꾸는 시간 15분」 프로젝트 참가 모습
(3) (4) 기업교육 강의 활동
(5) (6) 대학교육 강의 활동
(7) 매일경제신문 인터뷰 기사

기업교육

리더십 / 코칭 / 조직 회복탄력성 / 문제해결능력 / 커뮤니케이션 · 소통 · 협업 / 관계적 유연성 향상을 위한 소프트파워 / 신입사원 · 핵심인재 교육 / Business Writing / 보고서 작성법 / 프레젠테이션 / 윤리경영

대학교육

자존감 · 자기결정감 · 자신감 / 자기이해 · 자기분석 / 자기주도 성장실천 4단계 / 인성과 품격 / 리더십 / 셀프 리더십 / 시간관리법 3단계 / 비즈니스 글쓰기 / 보고서의 정석 / 프레젠테이션 / 스피치 / 진로 / 취업 / 직무 및 직무핵심역량

기타강의
Cale 창업 · 경영 스토리 / 삶의 의미를 찾아 떠나는 여행 / 글쓰기 / 브랜딩

낭만이 넘치는 동유럽
배낭여행기記를 통해
삶의 행복한 에너지가
팡팡팡 샘솟으시기를 기원드립니다!

권선복
도서출판 행복에너지 대표이사,
영상고등학교 운영위원장

살면서 누구나 한 번쯤은 유럽 배낭여행을 꿈꾸곤 합니다. 우리나라
와는 완전히 다른 생활양식과 문화, 또 화려하고 웅장하면서도 저마다
의 특색을 지니고 있는 건축물을 보고 느끼고 체험할 수 있는 기회를
마다할 사람은 없을 것입니다. 일상을 지배하고 있던 익숙한 풍경에서

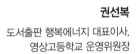

벗어나 새로움을 만끽한다는 것은 큰 즐거움이자 생동감 넘치는 기회가 되어 줍니다.

『여행은 끝나도 삶은 계속된다』는 2017년 2월에 『성장, 의미로 실현하라』를 통해 '의미공학'을 소개했던 유재천 저자의 동유럽 여행 에세이입니다. 저자는 혼자 떠난 동유럽에서 45일간의 여행을 통해 보고 느끼고 체험한 모든 것을 소개하며 진솔한 이야기를 풀어냅니다. 틀에 박힌 빡빡한 스케줄의 여행이 아닌, 여유를 가지고 나를 돌아보며 힐링의 시간을 가진 저자의 여행이 보는 이들에게도 편안한 마음을 갖게 해 줍니다. 특히 혼자 떠난 여행에서 만난 새로운 인연들과의 소중한 추억들은 여행의 기억을 더욱 귀중하게 만들어 주었습니다.

쉼 없이 빠르게 흘러가는 하루하루에서 여유를 찾기란 쉽지 않습니다. 하지만 바쁜 일상 속에서도 나를 돌아볼 수 있는 시간이 필요합니다. 내 지친 마음도 돌보고, 앞으로 전진하기 위한 밑거름도 될 수 있는 소중한 시간입니다. 한 번쯤은 나를 위한, 나를 찾는 의미 있는 여행으로 새로운 활력소를 얻으시기를 바랍니다. 더불어 이 책을 읽은 독자분들에게 행복과 긍정의 에너지가 팡팡팡 샘솟으시기를 기원드립니다.

하루 5분나를 바꾸는 긍정훈련

행복에너지

'긍정훈련' 당신의 삶을
행복으로 인도할
최고의, 최후의 '멘토'

'행복에너지
권선복 대표이사'가 전하는
행복과 긍정의 에너지,
그 삶의 이야기!

인터파크
자기계발 분야 주간
베스트 1위

권선복 지음 | 15,000원

권선복

도서출판 행복에너지 대표
영상고등학교 운영위원장
대통령직속 지역발전위원회
문화복지 전문위원
새마을문고 서울시 강서구 회장
전) 팔팔컴퓨터 전산학원장
전) 강서구의회(도시건설위원장)
아주대학교 공공정책대학원 졸업
충남 논산 출생

책『하루 5분, 나를 바꾸는 긍정훈련 - 행복에너지』는 '긍정훈련' 과정을 통해 삶을 업그레이드하고 행복을 찾아 나설 것을 독자에게 독려한다.

긍정훈련 과정은 [예행연습] [위밍업] [실전] [강화] [숨고르기] [마무리] 등 총 6단계로 나뉘어 각 단계별 사례를 바탕으로 독자 스스로가 느끼고 배운 것을 직접 실천할 수 있게 하는 데 그 목적을 두고 있다.

그동안 우리가 숱하게 '긍정하는 방법'에 대해 배워왔으면서도 정작 삶에 적용시키지 못했던 것은, 머리로만 이해하고 실천으로는 옮기지 않았기 때문이다. 이제 삶을 행복하고 아름답게 가꿀 긍정과의 여정, 그 시작을 책과 함께해 보자.

『하루 5분, 나를 바꾸는 긍정훈련 - 행복에너지』